音楽映画ガイド

――ロックからソウル、ジャズまで、
伝記＆ドキュメンタリー最新40選

ele-king
cine series

巻頭特集『モンタレー・ポップ』

Review

Column

Interview

Review

目次

目次

Column

ele-king cine series 初の音楽映画特集号をお届けします。

音楽映画にもいろいろありますが、今回は基本的にフィクションは対象としませんでした。もちろんフィクションにも優れた音楽映画は数え切れないほど存在します(『ブルース・ブラザーズ』！ 『ビートルズがやって来るヤァ！ヤァ！ヤァ！』！ 『さらば青春の光』！)。おもにドキュメンタリーや伝記映画など、ノンフィクションを取り上げています。いわば「音楽のことがわかる映画」です。

ライヴ映像やドキュメンタリー、アーティストの伝記など、これまで数々の音楽映画の傑作が作られてきました。近年は特にドキュメンタリーの分野で、「え、こんなものまで映画になるの !?」と驚くような作品が続々と公開されています。Netflix をはじめとするストリーミング配信となるともうおよそ把握は不可能なほど数多くの作品が存在します。

『ラスト・ワルツ』や『ドント・ルック・バック』等々の名作を数え上げるとこれまたきりがありませんが、今回は思い切ってここ 10 年で上映・配信されたもの（リバイバル上映も含め）に絞っています。旧作の名作を紹介するコラムも掲載していますので、そちらも併せて音楽映画の世界にぜひ足を踏み入れてみてください。

「音楽のことをより深く知ることのできる映画」、その現在地をお楽しみください。

HIROSHIMA
INDIAN AND JAPANESE MUSIC

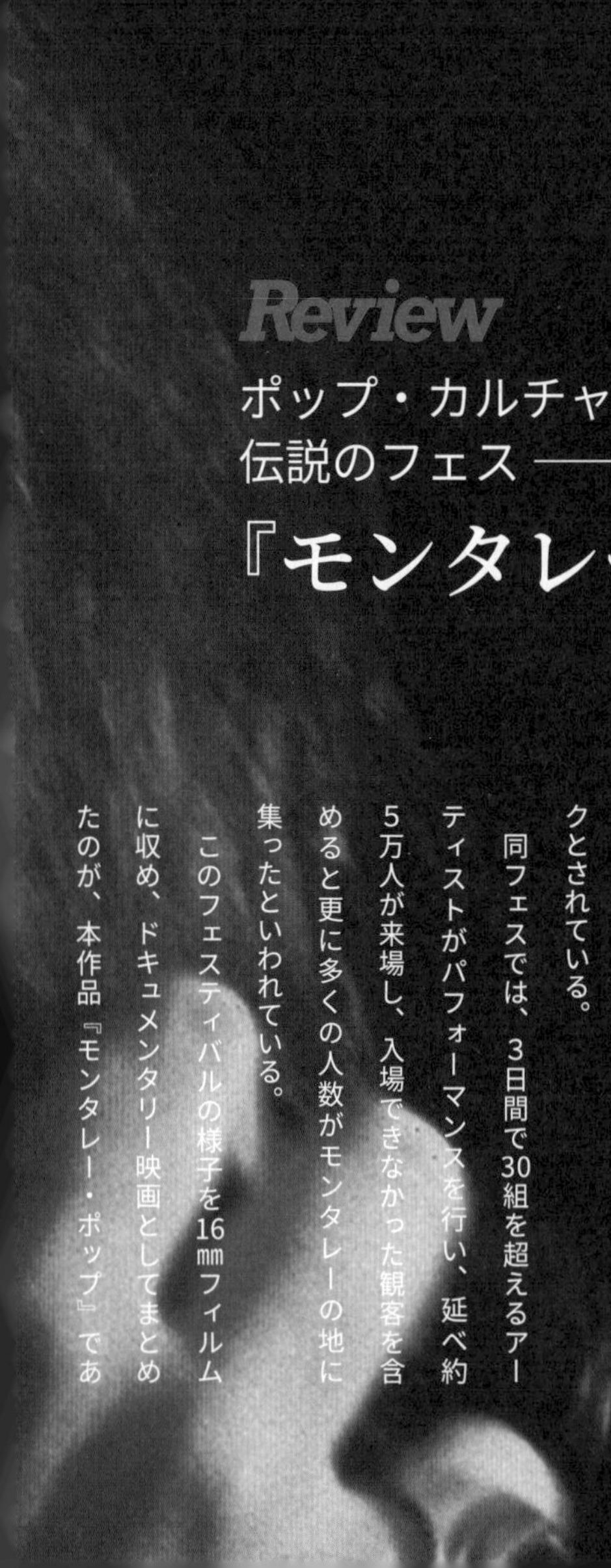

Review

ポップ・カルチャー史のエポックとなった伝説のフェス――

『モンタレー・ポップ』

柴崎祐二

１９６７年６月16日から18日の３日間、カルフォルニア州モンタレーのカウンティ・フェアグラウンズ野外スタジアムで、「モンタレー・インターナショナル・ポップ・フェスティバル」が開催された。ロックミュージック他の新鋭が集った同フェスは、翌々年開催の「ウッドストック・フェスティバル」をはじめとした多くの催しに先駆けた成功例として、ポップ・カルチャーの歴史において特に重要なエポックとされている。

同フェスでは、３日間で30組を超えるアーティストがパフォーマンスを行い、延べ約５万人が来場し、入場できなかった観客を含めると更に多くの人数がモンタレーの地に集ったといわれている。

このフェスティバルの様子を16㎜フィルムに収め、ドキュメンタリー映画としてまとめたのが、本作品『モンタレー・ポップ』であ

る。監督を務めたのは、１９２５年生まれのアメリカ人ドキュメンタリー作家Ｄ・Ａ・ペネベイカーで、リチャード・リーコック、アルバート・メイルズ、ジェームズ・デスモンドら計７人が撮影を担当した。初公開はフェスから１年半後の１９６８年12月。その後１９８０年代にはヴィデオソフトも登場し、以来ＤＶＤ等でもリイシューを重ねてきたが、この度、ついに４Ｋレストア５・１chリミックス版が日本でもリバイバル上映されることとなった。ロックファンならば一度は鑑賞するべき古典的な名作として語り継がれてきた本作が、現在考えうるベストの映像／音声クオリティで追体験できるようになった意義は大きい。

最初に登場するのは、フェスの共同主催を務めたジョン・フィリップス擁するママス・アンド・パパス。西海岸のヒッピー文化を牽引するセレブリティであった彼ららしく、

実に華やかでピースフルな演奏を披露する。

同フェスでの圧倒的なパフォーマンスがきっかけで、瞬く間にスターの仲間入りを果たしたのが、ジャニス・ジョプリンだ。彼女は二日目のステージで激烈な演奏を披露し、観客と関係者を熱狂させたが、この時はカメラが回っていなかった。そこで、急遽翌日にも連続出演することになり、本編に収められた「ボール・アンド・チェイン」を熱演したのだ。その歌いぶりに会場全体が魅了されていく様子が、はっきりと記録されている。

鮮烈さということで言えば、ザ・フーの演奏もすごい。代表曲「マイ・ジェネレーション」のアウトロでピート・タウンゼントがギターを破壊しにかかるくだりは、何度目にしても特別な緊張感に満ちている。「Smile, You're The New Generation」というスローガンが掲げられた同フェスのステージで、この不敵な態度。やはりこの人たちはヒッピー的な言動・思想とは一線を画す特異な集団だったのだと再認識させられる。

そのザ・フーへのライバル意識むき出しで臨んだというジミ・ヘンドリックス・エクスペリエンスの演奏も圧倒的だ。ノイズの嵐の中で自らギターに火を付けるパフォーマンスは、ロック誕生から間もないこの時点で、ヘンドリックスがすでに極限的な地点にまで行き着いていたことを印象付ける。

同フェスにはロック系のアーティスト以外にも何組かが参加していた。中でも、そのエネルギッシュなパフォーマンスで観衆の心を掴んだのが、サザンソウルのスター、

オーティス・レディングだ。ロック＝白人、R&B／ソウル＝黒人というセグメントが強固に機能していた当時にあって、その垣根が瞬間的に取り外される様子が収められている。

インドのシタール奏者ラヴィ・シャンカールの演奏も、映画のクライマックスというべき重要なパート。東洋への関心がヒッピー文化の中で高まっていた時期でもあり、観客の眼差しは真剣さと憧れが混じり合ったものだ。他にも、南アフリカ出身のヒュー・マサケラの演奏が収められていたり、同フェスのマルチカルチュラルな先駆性も垣間見ることができる。他方で、フェスを通じて観客の中に有色人種がほとんど見かけられないのは、当時のヒッピー～ロック文化が主に中産階級の白人達によって推進された新興サブカルチャーであったことを改めて如実に伝えている。

一般的なロックファンからは言及されることが少ないが、その斬新な撮影／編集にも注目したい。カメラの前で繰り広げられる事実へと肉薄しようとする「ダイレクトシネマ」の開拓者であるD・A・ペネベイカーのセンスが、随所に光っている。ゴダールをも魅了したというその映画的アプローチを、じっくりと味わってみてほしい。

『MONTEREY POP モンタレー・ポップ』

監督・撮影　D・A・ペネベイカー

出演　ジャニス・ジョプリン、ママス＆パパス、サイモン＆ガーファンクル、ザ・フー、オーティス・レディング、ジミ・ヘンドリックス

2024年3月15日（金）渋谷シネクイント・立川シネマシティ他にて全国順次公開！

Column

フェス映画の系譜

柴崎祐二

音楽フェスティバルは、アメリカにおいて戦前期から催されていたと言うが、商業的な興行として定例化し大規模化していくのは、1960年代後半以降のことである。

黎明期の催しとしては、1954年にロードアイランド州ニューポートで始められた「ニューポート・ジャズ・フェスティバル」が知られている。フェス映画の始祖『真夏の夜のジャズ』（1960年公開）は、1958年開催の同フェス第5回目の模様を捉えたものだ。監督を務めたのはファッションカメラマンとしても活動していたバート・スターンで、全編に渡って鋭敏な色彩／陰影感覚に貫かれた、実に美しい作品となっている。

同地にて1959年に旗揚げされたのが、『ニューポート・フォーク・フェスティバル』だ。同名の映画（1967年公開）は、1963年から1966年の回を記録した作品である。フォーク界の新鋭から、ブルースマン、ゴスペルグループまで、数多くのアーティストの演奏がモノクロ映像で収められている。後に語り草となる1965年回におけるボブ・ディランのエレクトリック路線への転向も、しっかりフィルムに収められている。

初の本格的なロックフェス映画と言えるのが、1967年夏に米サンフランシスコのモンタレーで開催されたフェスの様子を収めた『モンタレー・ポップ』だが、同作については別項で詳しく紹介しているので割愛する。同フェスが当時のロック〜ヒッピー文化に与えた影響は甚大で、同趣向のフェスティバルが数多く企画され、ときに成功を収め、ときに悲劇的な事態をも巻き起こした。

「成功」の代表例として語り継がれているのが、1969年8月15日から17日にかけてニューヨーク州ベセルで開催された通称「ウッドストック・フェスティバル」だ。ジミ・ヘンドリックスやサンタナ、ザ・フー、ジェファーソン・エアプレイン等のスターが揃った同フェスは、想定以上の観客が押し寄せるなど様々なトラブルが起こったにもかかわらず、全体としては平和裏に終了し、反戦とロックの時代を象徴する催しとして評価さ

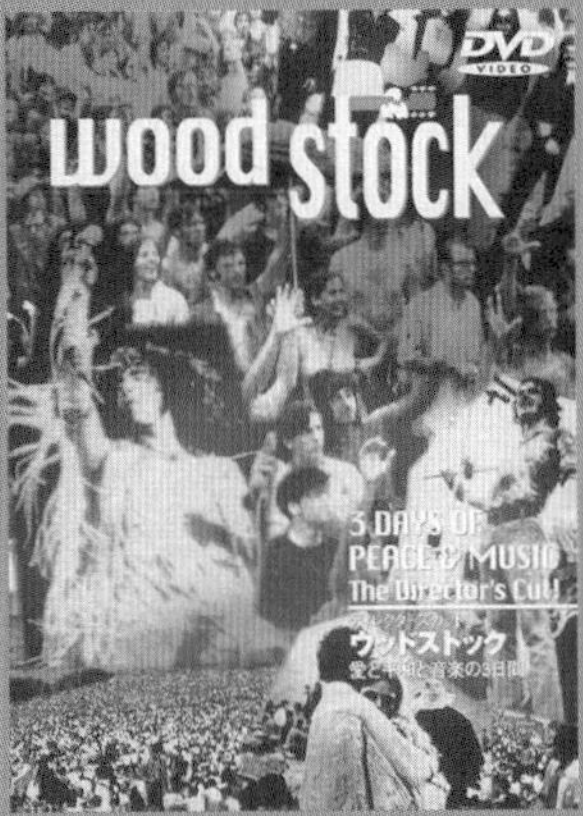

れた。その模様は、マイケル・ウォードリーの手によって約3時間のフィルム『ウッドストック／愛と平和の』にまとめられ、1970年に公開された。

「モンタレー」や「ウッドストック」は、ロックの巨大ビジネス化を予告するものでもあった。その成功に続けとばかりに、1970年代初頭にかけて数多のフェスが企画されていく。記録映像が残されているものを逐一紹介する紙幅はないので、以下、原則として劇場公開作品に絞って紹介しよう。

まず、ウッドストックの成功に対する「悲劇」を活写した作品として最も重要なのが、『ギミー・シェルター』（1970年公開 監督：アルバート&デイヴィッド・メイズルズ、シャーロット・ズヴェリン）だ。本作は、ローリング・ストーンズが1969年に行った全米ツアーおよびその最終日に企画されたフェス、通称「オルタモント・フリー・コンサート」の模様を中心に構成されている。同フェスは、ストーンズの演奏中にステージ警備を担当していたヘルズ・エンジェルスによって一人の黒人観客が刺殺されるという悲劇でも知られているが、本作品にもそのときの模様を含め終始殺伐としたフェスの様子が収められている。

他、この時代のフェス映画の代表例としては、前述のマレー・ラーナーが運営面の混乱をも容赦なく記録した『ワイト島1970年～輝かしいロックの残像』（1995年公開）、珍しい移動型フェス「フェスティバル・エクスプレス」を追った同名作（2003年公開 監督：ボブ・スミートン）等が挙げられる。

　1970年代半ば以降、ヒッピー文化と結びついた初期ロックフェスのブームは落ち着いていくが、入れ替わるように、大型チャリティイベントの開催も目立っていく。1985年7月にロンドンとフィラデルフィアの二会場で開催された「ライブ・エイド」は、そうした動きのピークともいえる催しだ。ジャンルを超えた多くのミュージシャンが集結し、その模様は世界中に放映された。

　1990年代になると、かつてのロックフェスの掲げた理想が様々な現実的問題と衝突する例がより露わになっていく。1999年版の「ウッドストック」が巻き起こした騒動に迫るNetflix制作の『とんでもカオス!：ウッドストック1999』（2022年）は、そうした歴史について再考させてくれる名ドキュメンタリーだ。一方で、2000年代に入ると、旧式のロックフェスと入れ替わるような新たなイベントが人気を得ていく。今や世界最大規模の総合ジャンル型フェスとして定着している「コーチェラ」はその代表例だろう。2006年には、同名のドキュメンタリー映画も公開されている。

　ところで、1960年代以降、音楽フェスティバルといえば、経済的覇権を後ろ盾に企画されることがほとんどであったことから、おもにロック系（白人出演者およびオーディエンス）が中心とならざるをえない状況があった。しかしその傍らで、他ジャンルの大小フェスも催され、記録されてきた。

『ソウル・トゥ・ソウル～魂の詩』（1971年公開 監督：デニス・サンダース）は、ソウル～ジャズ系のアーティストが集いガーナで行われたコンサートを収めた先駆的な作品だ。他にも、1972年8月にロサンゼルスで開催されたスタックスレコード企画のコンサートを収めた『ワッツタックス／スタックス・コンサート』（1973年公開 監督：メル・スチュワート）や、1974年にザイールでボクシングタイトルマッチにあわせて開催されたコンサート「ザイール'74」の模様を収めた『ソウル・パワー』（2008年公開 監督：ジェフリー・クサマ＝ヒント）などがある。

近年の公開作で特に注目すべき一本は、ザ・ルーツのクエストラブが監督を務めた『サマー・オブ・ソウル（あるいは、革命がテレビ放映されなかった時）』（2021年公開）だろう。1969年の夏にニューヨークで開催された「ハーレム・カルチュラル・フェスティバル」は、これまほとんどの音楽ファンに存在すら知られていない文字通り歴史に埋もれたフェスだった。スティーヴィー・ワンダー、スライ&ザ・ファミリー・ストーン、ニーナ・シモン、B・B・

キング等多くのスターが入れ代わり立ち代わり登場し、エネルギーに溢れたパフォーマンスを繰り広げる。

最後に、珍しい日本産フェス映画についても触れておこう。1970年に岐阜県恵那郡坂下町で開催された野外フェス「全日本フォークジャンボリー」（通称：中津川フォークジャンボリー）第2回目の模様を記録した『だからここに来た!-全日本フォークジャンボリーの記録』（1970年公開 監督：中本達男、野村光由）は、海外発のフォークやロック等などのカウンターカルチャー、およびフェス文化が日本においてどのように受容されローカライズされていたのかを知ることのできる、貴重な作品といえる。

さまざまな場所、さまざまな音楽——音楽映画祭をめぐって

ピーター・バラカン

ピーター・バラカン氏が監修・作品選定を担当する「Peter Barakan's Music Film Festival」。2021年から始まり、上映作品を変えながら各地を巡回するという独特なスタイルの映画祭である。ライヴ映像から知られざる傑作ドキュメンタリー、音楽の使い方が光る劇映画まで、音楽映画の良作を幅広く上映するこの映画祭について話を聞いた。

聞き手＝須川宗純

◉音楽映画祭を運営する

——音楽映画祭を立ち上げるまでの経緯について教えてください。

バラカン　フリーで映画の宣伝をやっているヴァレリアの小倉聖子さんという方がいて、彼女から音楽映画祭をやったら面白いと思いますけど、どう思いますかっていわれたのがきっかけですね。『ELVIS』とか『ボヘミアン・ラプソディ』みたいな音楽を中心にした劇映画もあるけれど、ドキュメンタリーは数は多いけれどだいたい単館で公開されて2〜3週間で終わっちゃうことがほとんど。「観ようと思っていたけど終わっちゃった」ということが多くて、だったらもう一回注目してもらうためにも、こういう映画祭のかたちでやれば

Interview with Peter Barakan

面白いんじゃないかと思ったんです。基本的には、小倉さんと、彼女が籍を置いているマーメイドフィルムという会社の村田さん、それからコピアポア・フィルムという配給会社をやってる伊藤さん、その3人と僕で役割を分担しながらこのフェスを作っています。

――この音楽映画祭の特色のひとつは、地方にも回っていって、そこではまた違う作品のセレクトをしていることですよね。東京ではかからなかった映画が上映されたりすることもあります。

バラカン　地方でこういうタイプの映画をやっても、お客さんに足を運んでもらうことはなかなか難しいんです、正直いって。ほとんど独立系の小さな映画館がやってくれていて、ついこの前も福井のメトロ劇場で5本やってくれました。今年の2月の帯広の「とかちリトル映画祭」では2本だけやってもらうんですが、ちょっと変わった選択になってます。ひとつがジョン・クリアリーのライヴを撮った作品(『ジョン・クリアリー@Live Magic 2018』)。あれは去年ジョン・クリアリーがLive Magicで来日するのでやったものですけど、それを帯広でやりたいということになって。もう1本はビリー・ホリデイのドキュメンタリー『BILLIE ビリー』で、これは1回目のときに権利をとったものです。そういうものが多少ないと、映画祭自体回しにくいんですよ。公開済みのものは東京の映画祭のときには上映しますけど、上映料がけっこう高いこともあります……。

　フェスのためにわれわれが権利をとるものがあれば、それは地方でも上映しやすくなります。そういう作品には、たとえば1年目でいえば『BILLIE ビリー』『ジャズ・ロフト』……『ランブル』もそうですね。2年目は『アメリカン・エピック』『バビロン』『ルンバ・キングズ』『ブリティッシュ・ロック誕生の地下室』。『ディーバ』もあらためてとり直しました。3年目は『Dance Craze／2 TONEの世界　スカ・オン・ステージ!』『ジャムDJAM』『Dread Beat and Blood／ダブ・ポエット　リントン・クウェシ・ジョンスン』『エチオピーク』『ルーツを掘る　アーフーリー・レコード物語』あたりがそうかな。

　映画の契約にはいろいろなかたちがあるんです。『BILLIE ビリー』みたいに数年契約するものもあれば、契約金が高いから半年だけにするとか、ものによっては映画祭で10回上映するだけとか、いろいろあってね、とにかく面倒くさい。僕はいっさいそういうことにタッチしないで、ただ作品を選ぶだけですけど(笑)。

――エチオピアで１９６０年代後半から70年代にかけて栄

えたポピュラー音楽を追った『エチオピーク』にしろ、アメリカのルーツ・ミュージックを扱うレーベルの全貌をたどった『アーフーリー』にしろ、こんな映画が日本で字幕つきで観られるとは思わなかったので感激しました。

バラカン　ちょっとマニアックな興味の人には喜ばれるんだけど、一般の音楽ファンの人は知らないからね（苦笑）。リントン・クウェシ・ジョンスンのドキュメンタリー『Dread Beat and Blood』にしても、リントンの初期のもので、しかも時間も短い作品だから、興味をもつ人は限られるかもしれません。

――僕は『Dread Beat and Blood』と『Our Latin Thing』は40年くらい前に札幌で観た記憶があります。今思えば自主上映だったんだろうと思いますが……。

バラカン　『Our Latin Thing』も自主上映ですね、いわゆる一般公開ではなかった。あれはもともと16ミリで撮ったもので、あまり画質がよくない。DVDは出ましたが、リマスターなどされていません。でも、どうしても上映したかったから字幕なしでやらせてもらいました（笑）。

――あれは字幕なしでも音楽の魅力は全然伝わりますからね。

バラカン　大丈夫です。先ほどの動員という点でいうと、実はジャズ系の映画は意外と人が入るんです。ロックよりジャズの方が動員がいいみたい。『私が殺したリー・モーガン』なんかはほとんど映像がないのに、うまく音楽と写真を組み合わせて編集のワザで作品にしてましたね。まあ、古い音楽を題材としたものだとそういう作品が最近は多いけれど、これはしょうがないね。

――『ジャズ・ロフト』なんかもそういうタイプでした。

バラカン　あれは写真家ユージーン・スミスの話だからね。

――ユージーン・スミスがニューヨークのロフトに住んでいたころ、セロニアス・モンクをはじめとしたジャズ・ミュージシャンたちと交友をもち、ジャムセッションをずっと録音していたというものでした。意外な話が多くて、驚きっぱなしでした。

バラカン　あれはめちゃめちゃ面白い作品だったね！　知らない人は観るきっかけがなければ観ないだろうけど、観た人はみんな面白がるね。

◉作品選択の基準？

――バラカンさん自身の側で、こういう映画をかけたいという基準とか方向性があればお伺いしたいんですが。

バラカン　ラジオの選曲といっしょで、作品がよければ、ということですよね（笑）。映画の場合は音楽さえよければいいというものでは必ずしもない。やっぱり映像作品としての面白さプラス音楽としてのよさということになるけれど……音楽としては、僕が興味をもつものかどうかというのが大きいね（笑）。

——時代でいうと『真夏の夜のジャズ』からつい最近の『アメリカン・ユートピア』まで、内容でいうとジョン・レノンを描いた『ジョン・レノン　音楽で世界を変えた男の真実』から、ロマの暮らしを描いた『ガッジョ・ディーロ』のように、観終わった後考えさせられる映画までいろいろ並んでいますね。

バラカン　トニー・ガトリフの映画はもっとやりたかったんだけどね。

——2トーンのバンドのライヴ映像を集めた『Dance Craze』のようなひたすら楽しい映画がある一方、「音楽と政治」という視点を感じさせる映画もたくさんあったという印象があります。

バラカン　わざわざそういうものを選んでるわけではないですけどね。でも、ポピュラー音楽って政治抜きで語れるものではないし、ドキュメンタリーとなると往々にしてそういう要素がなんかで出てきます。それはそれで自然なことだと思うし、音楽の背景がその分よくわかるから、もう当然のことだと思ってますね。決して避けるべきものではない。『Dance Craze』だって、2トーンはもともとナショナル・フロントが幅をきかせていた時代だからこそできたような音楽ですからね。

——おっしゃるとおりで、ジェリー・ダマーズがあのころ白人と黒人でいっしょにバンドをやるという方針を打ち出したことは本当に画期的なことだったと思います。僕がその重要性に気づいたのは、恥ずかしながらずいぶんたってからのことでした。第1回で特に印象に残ったのは南アフリカのシンガー、ミリアム・マケバの生涯を描いた映画（『ミカ・カウリスマキ／ママ・アフリカ　ミリアム・マケバ』）です。「パタ・パタ」で有名な歌手ですが、反アパルトヘイト活動に深く関わっていたことや、ストークリー・カーマイケルと結婚していたことなんかは、これまた恥ずかしながら全然知りませんでした。その彼女のドキュメンタリーをアキ・カウリスマキのお兄さんのミカが撮っているのにも驚きました。

バラカン　あれは実は、ぴあの「ブラック&ブラック」という枠で最初に上映したものだったんです。あれもとてもいい作品でしたね。

——やはり「音楽と政治」の好例ですね。

バラカン　まあ、でもよくあることですよ。たとえばニーナ・シモーンみたいな人もそうだし。そういえば、Netflix でやってるもので、上映できればやりたいものがいっぱいあるんですよ。僕が Netflix のアカウントを作ったのはニーナ・シモーンのドキュメンタリーを観るためですからね（笑）。マーティン・スコーセシの『ローリング・サンダー・レヴュー』とか、サム・クックがなぜ殺されたかというドキュメンタリーとか、すごく面白い。ぜひ映画館でやりたいんだけどね。

それから、今アマゾンで見られるものに、スティーヴ・マックィーンの『スモール・アックス』というシリーズが5本あるんです。これは一度も映画館でやっていないはずですが、ものすごくいい。1960年代〜1980年代までのカリブ移民のイギリスの生活に関係したものばかりで、ドキュメンタリーではありませんが、5本のうち4本が実際にあったことを映画にしたものです。もしスティーヴ・マックィーンに実際に会うことがあったら直談判したいくらい（笑）。

――通常だとやりにくい連作を取りあげられるのも、映画祭のメリットのひとつかもしれませんね。この音楽映画祭でも、アメリカのルーツ・ミュージックから現在までの流れをたどった全4作、計5時間にわたる『アメリカン・エピック』を上映・公開できたのは重要なお仕事だったと思います。これはアメリカの音楽がいろいろなところからやってきた人たちの音楽と営みによって作られてきたことがよくわかる、まさに労作でした。

バラカン　あれはイギリスではBBC、アメリカではPBSがやったものですね、テレビで放映されたものだったんです。劇場ではおそらくやってないんじゃないかな。あれはたぶん2度と劇場では出てこないでしょうね、残念ですが。最高に面白かったけどね。

◉ドキュメンタリーばかりじゃない！

――2023年の音楽映画祭で驚いたのは、その上映作品数の多さ（笑）。毎年倍々ゲームみたいに増えていきますね。

バラカン　いや、去年は例外的に多かったんですよ。いつもやってる有楽町の KADOKAWA シネマの方から3週間やってほしいといわれたので、作品を増やしたんです。いい映画は十分いっぱいありますからね。ただ、今年はまた2週間に戻ります。

――あれだけあると、観る方もたいへんですからね（笑）。

バラカン　そうなんです。日本では小さい配給会社が「えっ、こんなのやるの？」っていうような映画をけっこうやったりしますからね。やるからには、僕らもぜひ応援したいですし、この映画祭も続けていきたいです。

――音楽映画祭はドキュメンタリーが中心ですが、2023年の作品のラインナップを見ると劇映画が少し増えたように思います。

バラカン　多くはないけど、増えてはいるね。たまたま僕が観て面白いと思ったら選んでるだけですけど。たとえば『ノーザン・ソウル』なんかはね、あのノーザン・ソウルの世界はなかなか理解されないもので、僕も知らなかったんですよ、長いこと。でも実際にどういうシーンか観れば一発でわかるから、これはこれで僕はすごく面白かったですね。

あと、『さらば青春の光』にしても。これはたまたまこのタイミングでリバイバルされたからラッキーでした。あれは上映権が切れたままになっていたんですよ。それがデジタル・リマスターされたというので、「よし!」ということで。

『ディーバ』は昔から大好きな映画で、これも長いこと劇場でやってなかったけれど、どうしても僕がやりたくてね。意外に観てない人が多いんですが、これもデジタル・リマスターされていたので、できることになりました。

――後に『ベティ・ブルー』で大ヒットを飛ばすジャン=ジャック・ベネックス監督初の長編作品ですね。公開当時はリュック・ベッソンとかと並んで騒がれました。僕が懐かしかったのは『ザ・コミットメンツ』ですね。ダブリンに住む若者が60年代ふうのソウルバンドを結成するというサイコーなお話です。

バラカン　これはラッキーな事情があってうちの映画祭で上映できることになったんです。アラン・パーカーの中でもかなりいい映画だと思います。

それから『バビロン』もあったね。作られたときには僕はまったく存在を知らなかった。イギリスでしか公開されなかったんじゃないかな? 数年前にアメリカで上映されたのがきっかけで知ることができて、うちの映画祭でやることになったんです。

――1980年に作られた映画で、レゲエをやっている若者たちが周りの差別や偏見と衝突するというなかなかヘヴィな題材を扱ったものでした。

バラカン　まあ、重いところもあるけれど……結末は確かにそうですね。

――『コーダ　あいのうた』が入っていたのもちょっと驚きましたね。これも大好きな映画ですが、こういうのもやるんだ!と。

バラカン　これはジョウニ・ミチェルとかマーヴィン・ゲイ

とか、出てくる曲がみんな面白くてね。小倉さんから「これどうですか、やりませんか?」っていわれて、「そうか、『コーダ』も音楽映画として観ようと思えば観られるね」と思って、それでやりました。言われなければ僕はこれをあえて音楽映画として選ばなかったかもしれないけど、やってよかったと思います。

――最初に家の中でかかる曲がシャッグスなのには爆笑しました。お話は、家族の中で自分だけが健聴者という女の子が、実は歌の才能があって……というもので、僕は女の子が先生の指導を受けて腹から声を出して歌いはじめるところで泣いちゃいました。

バラカン そうそう、感情に訴えるところがかなりあります。まあ、アカデミー賞作品賞をとってる作品だからね(笑)。

――感動して不思議はない(笑)。耳が聞こえない人と周りの人との齟齬、家族の中でひとりだけ耳が聞こえることからくる疎外感の両方が描かれていて面白かったですね。

◉多様性のさまざまな軸

――『コーダ』にはろうの問題が出てきますが、音楽映画祭のプログラムは人種や民族の点からも非常に多様なものになっています。また、女性を主人公とする映画としては『BILLIE ビリー』『AMY エイミー』がありますね。『リンダ・ロンシュタット サウンド・オブ・マイ・ヴォイス』も、彼女が80年代後半からメキシコの音楽を取り上げていたことを知らなかったので、驚きました。でも、やはり女性の場合、どうしてもシンガーに偏ってしまう感じはありますね。フェミニズムについては意識されていましたか。

バラカン 作品を選ぶ時点で、特にフェミニズム的な作品を選ぼうと考えることはないですね。この間やった『ガッジョ・ディーロ』も『ジャム DJAM』も強い奔放な女性が中心になってる作品ですけど……でも、意識したわけではない。

――ポストパンクの時期に、多くの女性が歌うだけでなく、楽器をもって弾くようになったことが話題になりました。代表的なバンドにスリッツがあって、『ザ・スリッツ:ヒア・トゥ・ビー・ハード』というドキュメンタリーもありましたが……。

バラカン 名前は知っていますが、聴いたことがないんです。ああいうポストパンク的な流れはやや疎かったと思います。パンクが出てきたころ、年齢的なもので、もう20代の半ばくらいだったから、パンクにはあまり反応しなかったんですよ。だから、バンドの名前は知っていても、聴いたことのないバンドがいっぱいあります。

ただ多様性という点では、ジャンル的な多様性とか地理的な多様性はある程度意識しています。だから、今回ルーマニア、ギリシャ、インド、エチオピア、南アフリカ、アイルランド、ジャマイカ、けっこういろいろなところの音楽を取り扱っています。そういうことは多少意識してますが、作品が面白ければ取り上げたいというのが第一ですね。

―― そういえば、まだ『ランブル　音楽界を揺るがしたインディアンたち』の話が出てませんでした。これはネイティヴ・アメリカンの血を引くミュージシャンたちの活動を追った映画ですが、リンク・レイ、ジミ・ヘンドリクス、ロビー・ロバートソン、ミルドレッド・ベイリー、ジェシ・エド・デイヴィス、ブラック・アイド・ピーズのタブーほか、そんなにたくさん、しかもさまざまなジャンルにいるんだ！と誰もがびっくりしたのではないかと思います。

バラカン　監督はカナダの女性なんだけど、製作総指揮はスティーヴィ・サラスというハード・ロックのギタリストなんです。彼はアパッチ族なんです。長いこと自分の名前で活躍していますが、若いころはロッド・スチュアートのバンドでツアーをやったこともあり、本人も映画に出演しています。彼は音楽をやり出したころ、「音楽をやってるインディアンは自分だけだ」と思いこんでたそうです（笑）。実は違ったということに気づいてびっくりして、それでいろいろ興味をもって調べ出したそうです。監督を自分でやるのは経験もないし難しいだろうということで、ほかの人に頼んで作ってもらったようですが、そういう経緯があったからこそできた作品だと思います。

作られたのはカナダで、カナダで少し公開されて、アメリカでは……もしかして劇場ではやってないかもしれない。ほんとにあまり知られてない映画なんですよ。

―― すると、日本が世界で一番『ランブル』を観てる国かも……。

バラカン　たぶんそうだと思います。だって、ほかの国でやってないからね（笑）。そういうことを教えてくれる人がいるから、ありがたいんですよ。そうでなければ、存在を知りえない。

―― 人間ってひとりだけでいると、自分の抱えてる問題を自分だけの問題だと思ってしまいがちですよね。でも、実は自分以外にも同じ問題を抱えてる人っていうのはもっとたくさんいるかもしれなくて、横につなげると別の行動の起こし方が見えてくることがありそうですね。

バラカン　インターネットの一番のプラスの面がそこでしょうね。横のつながりが簡単になったこと。

映画そのものもチームワークがあるからできることだし

ね。なんでも似たものどうしが顔を合わせて話し合うから情報交換しながら「あ、こんな作品があったのか」っていうことはしょっちゅうですよ。『ビー・ジーズ 栄光の軌跡』はごらんになりましたか。

――いや、これは見逃しちゃったんです。

バラカン 別の映画の宣伝の人から「今度ビー・ジーズの映画やります」っていわれて「うーん、ビー・ジーズね……」と思ってたんですが、観たらめちゃ面白い。ビー・ジーズってディスコのバンドだと思われているけど……。

――その前には今でいうソフト・ロックをやってましたよね。

バラカン とにかくこの映画、話が本当に興味深い。こういう映画は、ふつうだったら僕も観なかったと思う。でも、その宣伝担当の人から「とりあえず観てください」っていわれたのがきっかけで上映することになっちゃった。『コーダ』もそうですが、そういうこともありますね。

――「ふつうだったら」といえば、よく『ZAPPA』をバラカンさんがとりあげてくださったなと思ったんですが……。

バラカン フランク・ザッパに関しては、僕が好きなアルバムはかなり限定されますね。でも、彼の存在感というのかな、言論の自由をとことん支持する姿とか、あと彼のバックグラウンドがめちゃめちゃ面白い。こういうドキュメンタリーを観るには、必ずしもフランク・ザッパのファンである必要はないんですよ。あの映画は文句なく面白かった。こういうドキュメンタリーで、それまで知られていなかった背景を知ることができるからこそ面白い。観る人はだいたいそのミュージシャンに関心のある人が観るわけだから、音楽そのものを深く語るよりも、みんなが知らない子供のころの話とか、そういうことがメインになる方が面白いと思うな。

◉音楽と差別の問題

――ちょっと音楽映画祭からは離れますが、日本では大きくなるまで差別という問題があることに疎いままという人も少なくありません。バラカンさん自身は、イギリスにいたころに人種差別を目の当たりにされることはありましたか。

バラカン 子供のころには差別という意識はなかったけれど、今の感覚からすると社会全体がとんでもなく差別的だったと思います。それは西インド諸島から移民としてイギリスに渡った人が差別を受けて、二級市民的な扱いでしたね。今でもそういうところはあるかもしれません。アイルランド人も完全に二級市民扱いでした。シェイン・マガウアンの映画(『シェイン 世界が愛する厄介者のうた』)は観ました?

――観ました。前半ではアイルランドの暮らしとロンドンの暮らしのギャップ、後半ではショービズの中でシェインがバランスを失っていくようすが苦しくなるほどに描かれていましたね。

バラカン　あれを観ればよくわかりますね。僕が子供のころは、アイルランド人は冗談の対象になっている時代でした。バカ呼ばわりされるような。シェインの映画の中でもテレビのコメディアンがアイルランド人をジョークにしているシーンが使われていましたが、子供のときから日常的にそういうのを聞いていると、そういう感覚になっちゃうんですね。

そうじゃないということはおとなになってからわかるもので、僕の場合は日本に来てイギリスを離れて自分が育った国を初めて客観的に見ることができたんですね。そのときにかなり愕然とした。それは１９７４年に日本に来てわりとすぐ、何がきっかけだったか覚えてないけど、いやあ、これはちょっとマズいなと思ったのを覚えてます。

僕の場合は大学に通うのに、西インド諸島出身の人たちがおおぜい住んでいるフィンズバリー・パークを毎日通っていたので、彼らの姿をよく見かけていましたけど、僕が住んでいたマズウェル・ヒルあたりだとあまり見かけることはなかった。移民の人たちは固まって暮らす傾向があるから、ロンドンのあちこちにそれぞれのコミュニティがあるんです。ロンドンはもうすごい多民族都市ですからね。

もちろん、どこの国でも差別はあります。それは人間の生存本能から来ているものなのかもしれないけれど、今の世の中はそれを超える教育ができるから、そういう教育をしない手はないですよね。でももう、本当に今の世の中を見回すと、宗教の違いとか民族の違いとかそういうので差別が出てこないところってないんじゃないかな。人間、どこまで愚かになれるのかと絶望的に思うこともありますよ。今のガザなんか見ていると泣きたくなっちゃうね。

――バラカンさんはミュージシャンの言動と作品なり音楽活動なりは切り離して考えるべきだという立場でしょうか。

バラカン　難しいな、これは……。いちがいにはいえないね。

――僕がいま念頭に置いているのはエリック・クラプトンのことです。１９６８年に国会議員のイーノック・パウエルが移民は帰国させるべしと演説したことに対して、クラプトンが76年にパウエルを擁護する発言を行ったという……。

バラカン　『白い暴動』に出てくる話ね。そもそもロック・アゲインスト・レイシズムができたのは、その発言がきっかけだからね。

エリック・クラプトンって不思議な人ですよね。あのころ

	タイトル	製作年	製作国	監督
2023	ZAPPA	2020	アメリカ	アレックス・ウインター
	ソング・オブ・ラホール	2015	アメリカ	シャルミーン・ウベード=チナーイ アンディ・ショーケン
	ジョン・レノン　音楽で世界を変えた男の真実	2018	イギリス	ロジャー・アプルトン
	ロッカーズ	1978	アメリカ	セオドロス・バッファルーコス
	ガッジョ・ディーロ	1997	ルーマニア・フランス	トニー・ガトリフ
	ザ・コミットメンツ	1991	イギリス・アイルランド アメリカ	アラン・パーカー
	ブラジル・バン・バン・バン　ザ・ストーリー・オブ・ソンゼイラ ～ジャイルス・ピーターソンとパーフェクトビートを探しもとめて	2014	イギリス・ブラジル アメリカ	チャーリー・インマン、 ベンジャミン・ホルマン
	AMY エイミー	(以下再映)		
	BILLIE ビリー			
	MONK モンク			
	モンク・イン・ヨーロッパ			
	ジャズ・ロフト			
	ランブル 音楽界を揺るがしたインディアンたち			
	ブリティッシュ・ロック誕生の地下室			
	バビロン			

はアル中だった。あれだけブラック・ミュージックの影響を深く受けている人間があいう発言をするというのは、論理的に考えればありえない。なぜああいう発言が出てくるのか、いまだによくわからない。でも、彼のおかげでブルーズに興味をもったという人はおおぜいいると思うし、ああいう発言をしたからといって、彼の音楽に価値がないかといったら決してそんなことはない。

結局こういうことって、人間ひとりひとりが考えるしかないんでしょうけど……人種差別の話となると、エリック・クラプトンが心の底から人種差別主義者だったら、僕はたぶん彼の音楽を聴きたくないと思う。スペシャルAKAの曲で「レイシスト・フレンド」っていうのがありますよね。「もしきみにレイシストの友達がいたら、その人との関係を今切るべきだ」という歌です。その曲を聴いたときに「そうだ」と思ったな。でも、どうなのかな、本当にイーノック・パウエルのいうことを支持してたのかな……。もしそうだとするとマズいよね。

――一方で、クラプトンはガザの子供たちの支援するコンサートを行ったようですね。

ところで、今年からは音楽映画祭はまた2週間に戻るというお話でしたが、そうすると作品もまた減ることになるわけですね。

バラカン　まあ、20本くらいかな。去年は31本だったからね、ちょっと多かったんだけど。アンコールは必ずちょっとやります。音楽映画祭でやったからといって、じゃあ全員観たいものを全部観られたかというとそういうわけでもないし、こういうドキュメンタリーって情報量がすごいんですよ。一回観たからといって全部吸収できるかというと、まずそういう人はいないと思う。だから面白かったものをもう一度観る機会を作るというのも重要だと思うし、権利がとれるもの、権利をもっているものについてはそういうふうにしたいと思っています。

ピーター・バラカン 音楽映画祭@東京 上映作品

	タイトル	製作年	製作国	監督
2021	Billie ビリー	2019	イギリス	ジェイムス・エルキン
	ジャズ・ロフト	2015	アメリカ	サラ・フィシュコ
	カマシ・ワシントン『Becoming』ライブ	2020	アメリカ	チャーリー・ブーラー
	AMY エイミー	2015	イギリス	アシフ・カパディア
	バック・コーラスの歌姫（ディーバ）たち	2013	アメリカ	モーガン・ネビル
	サウンド・オブ・レボリューション グリーンランドの夜明け	2014	グリーンランド・デンマーク ノルウェー	イヌーク・シリス・ホーフ
	Our Latin Thing	1972	アメリカ	レオン・ギャスト
	ランブル 音楽界を揺るがしたインディアンたち	2017	カナダ	キャサリン・ベインブリッジ
	大海原のソングライン	2019	オーストラリア・台湾	ティム・コール
	スケッチ・オブ・ミャーク	2011	日本	大西功一
	マイ・ジェネレーション ロンドンをぶっとばせ！	2017	イギリス	デビッド・バッティ
	白い暴動	2019	イギリス	ルビカ・シャー
	ノーザン・ソウル	2014	イギリス	エレイン・コンスタンティン
2022	アメリカン・エピック エピソード1-4	2017	アメリカ	バーナード・マクマホン
	バビロン	1980	イギリス・イタリア	フランコ・ロッソ
	ブリング・ミンヨー・バック！	2022	日本	森脇由二
	ルンバ・キングズ	2021	アメリカ・ペルー	アラン・ブレイン
	ブリティッシュ・ロック誕生の地下室	2021	イギリス	ジョルジオ・グルニエ
	タゴール・ソングス	2019	日本	佐々木美佳
	ルードボーイズ トロージャン・レコーズの物語	2018	イギリス	ニコラス・ジャック・デイヴィス
	サマー・オブ・ソウル （あるいは、革命がテレビ放映されなかった時）	2021	アメリカ	アミール・“クエストラブ”・トンプソン
	ディーバ デジタルリマスター版	1981	フランス	ジャン＝ジャック・ベネックス
	黄金のメロディ マッスル・ショールズ	2013	アメリカ	グレッグ・フレディ・キャマリア
	アメリカン・ユートピア	2020	アメリカ	スパイク・リー
	私が殺したリー・モーガン	2016	スウェーデン・アメリカ	カスパー・コリン
	アメイジング・グレイス アレサ・フランクリン	2018	アメリカ	シドニー・ポラック
	リンダ・ロンシュタット サウンド・オブ・マイ・ヴォイス	2019	アメリカ	ロブ・エプスタイン、 ジェフリー・フリードマン
	キラー・オブ・シープ	1978	アメリカ	チャールズ・バーネット
	MONK モンク	1968	アメリカ	マイケル・ブラックウッド、 クリスチャン・ブラックウッド
	モンク・イン・ヨーロッパ	1968	アメリカ	マイケル・ブラックウッド、 クリスチャン・ブラックウッド
	さらば青春の光	1979	イギリス	フランク・ロッダム
	真夏の夜のジャズ 4K	1959	アメリカ	バート・スターン
	ミスター・ダイナマイト ファンクの帝王ジェームズ・ブラウン	2014	アメリカ	アレックス・ギブニー
	ミカ・カウリスマキ／ママ・アフリカ ミリアム・マケバ	2011	フィンランド・仏・独 南アフリカ	ミカ・カウリスマキ
	BILLIE ビリー	（以下再映）		
	ジャズ・ロフト			
	ランブル 音楽界を揺るがしたインディアンたち			
2023	Dance Craze / 2 Toneの世界 スカ・オン・ステージ！	1981	イギリス	ジョー・マソット
	ジャム DJAM	2017	フランス・ギリシャ・トルコ	トニー・ガトリフ
	Dread Beat and Blood / ダブ・ポエット リントン・クウェシ・ジョンスン	1979	イギリス	フランコ・ロッソ
	ジョン・クリアリー@Live Magic 2018	2018	日本	髙橋正太郎
	エチオピーク 音楽探求の旅	2017	独・ポーランド・エチオピア 仏・米	マチェイ・ボフニャク
	ルーツを掘る アーフーリー・レコード物語	2013	アメリカ	クリス・サイモン モーリーン・ゴスリング
	クリーデンス・クリアウォーター・リヴァイヴァル	2022	アメリカ	ボブ・スミートン
	リバイバル69 〜伝説のロックフェス〜	2022	カナダ・フランス	ロン・チャップマン
	ビー・ジーズ 栄光の軌跡	2020	アメリカ	フランク・マーシャル
	チャーリー・イズ・マイ・ダーリン	1965-2012	イギリス	ピーター・ホワイトヘッド
	ソングス・フォー・ドレラ 4Kレストア版	1965-2012	アメリカ	エドワード・ラックマン
	シェイン 世界が愛する厄介者のうた	2020	米・英・アイルランド	ジュリアン・テンプル
	コーダ あいのうた	2021	アメリカ	シアン・ヘダー
	ザ・バンド かつて僕らは兄弟だった	2019	カナダ・アメリカ	ダニエル・ロアー
	アザー・ミュージック	2019	アメリカ	プロマ・バスー ロブ・ハッチ=ミラー
	ローレル・キャニオン 夢のウェストコースト・ロック	2020	アメリカ	アリソン・エルウッド
	響け！情熱のムリダンガム	2018	インド	ラージーヴ・メーナン

Review

マニアも驚かせた大作ドキュメンタリー――

『ザ・ビートルズ Get Back』とビートルズ・ドキュメンタリー映画

森本在臣

リマスターやボックスでの音源発売、直近では最後の新曲として「ナウ・アンド・ゼン」が発表されるなど、現在でも話題に事欠かない永遠のバンド、ザ・ビートルズ。上記のような音源のリリースも嬉しいのだが、ビートルズ・ファンがここ最近でノック・アウトされたのは、やはり2021年暮れに発表された『ザ・ビートルズ：Get Back』ではないだろうか。この八時間弱にも及ぶ一大ドキュメンタリーは、まさに決定版とも言える至高のビートルズ映像として、今後も語り継がれていくべき重要作である。

『ザ・ビートルズ：Get Back』は、解散寸前の状況であった69年1月に、メンバーが集まりバンドを再始動するべく行った、一ヶ月ほどの「ゲット・バック・セッション」の様子を、マイケル・リンゼイ＝ホッグが撮影した素材を再構築してみせた映像である。世界中のビートルズ・ファンは、ビートルズのドキュメンタリー映画『レット・イット・ビー』として80分程度の長さに上記の映像をホッグがまとめたものが完成形であり、「ゲット・バック・セッション」の全貌であると認識していた。ところが、当時ホッグが撮影していた映像は膨大な量であり、その未発表であった55時間以上の映像を3年かけて修復・再編集した上で、新しいビートルズのドキュメンタリーとして提示したのが本作である。

この偉業を成し遂げた監督はピーター・ジャクソン。『ロード・オブ・ザ・リング』が代表作であるが、彼は前述の最後の新曲「ナウ・アンド・ゼン」のリリースにも多大な貢献（デモからジョンの声だけを抜き出すのはピーター・ジャクソン開発のＡＩで行ったようである）をしており、彼の初期の作品『バッド・テイスト』にもサージェント・ペパーズのビートルズのパネルが登場するなど、昔から筋金入りのビートルズ・ファンとして知られている。

ピーター・ジャクソンが凄いのは、同じ素材にもかかわらず『レット・イット・ビー』とは全く違う切り口で、8時間弱の長尺でも、飽きずに鑑賞できる極上のドキュメンタリーを作り上げたことだ。ネタバレを避けるため言及は控えるが、ビートルズ研究者であっても知らなかったような新事実がこの映像の中でふんだんに散りばめられており、ちょっとビートルズに興味がある、というライトな層から、ビートルズに全てを捧げている、というようなマニアにまで幅広くアプローチできる内容に仕上がっている。こういった大作のドキュメンタリーで、万人を満足させるようなものを作るのは難しい。それをやってのけたピーター・ジャクソンの、監督としての実力が遺憾無く発揮されている作品であるという点でも注目だ。

本作はいわば『レット・イット・ビー』のリメイクのような立ち位置ではあるが、『レット・イット・ビー』にあった薄暗い、バンドが崩壊へと向かっているような雰囲気が『ザ・ビートルズ：Get Back』にはほとんど無い。むしろ、メンバー間の関係が最悪だと思われていたこの時期のビートルズが、実際はバンドらしいコミュニケーションもしっかりとった上で、共に楽曲を制作していたことが明白になり、印象が変わったという方も多いだろう。特に独裁的な仕切りをしていたと思われがちだったポールが、映像の中ではわりと周囲に気を配っていて、なんだか微笑ましい。

また、数々のサブキャラたちも実に良い味を出していて、ギャグ要員のマジック・アレックスも面白いし、思ったよりも場に馴染んでいるけれど異質な雰囲気（というか奇声）はしっかり放つオノ・ヨーコや、マジック・アレックスのせいで大変な目に遭うグリン・ジョンズの存在も、このドキュメントには無くてはならないものだ。これまであまり語られなかったグリンであるが、本作を観る限り、彼を主人公にした視点でも映画一本作れてしまうくらいの濃密さなのである。影の功労者と言ってもよいだろう。そんな彼らの様子をこうして映像で観たとき、メンバーだけでなく、周囲の強烈な個性によってザ・ビートルズという装置は形成されていたのだと思わずにはいられない。

もちろん、ビートルズ・ファンが最も観たかったであろう、演奏シーンや楽曲が出来上がっていく過程もしっかりと記録されている。とりわけポール・マッカートニーの恐ろしいまでの作曲力の高さには脱帽せざるを得ない。この時期の才能が溢れて止まないポールの姿を観ていると、やはり天才なのだと確信させられる。一方のジョン・レノンはヘロインにハマっていた時期で、特に前半はあまりその本領を発揮出来ていない印象なのだが、随所で光るアイディアを出してくるあたりは流石だ。一度脱退すらしてしまうジョージ・ハリスンも、ダウナーな心境が映像から伝わってきて、観ていてつらいものの、演奏シーン等からは並外れた才能を感じ、決して上記の二人に負けていない。そして目立った意見を言わずにマイペースかつ、しっかりと良いドラムを叩くリンゴ・スター。バンドにおける彼の独特の立ち位置もまた、ビートルズならではの要素であろう。

そんな才能溢れるバンドながら、様々な葛藤を抱きながら、笑いあり涙ありで楽曲を作り上げていく様子には親近感をおぼえる。ビートルズという歴史的に有名なカリスマ・バンドではなく、まるで近しい友人がやっているバンドを見ているかのような、共感を促してくる日常的リアルさがあるのだ。そして、停滞して遅々として進まない中、ビリー・プレストンの登場とともに一気に活気付いてメンバーが動き出す場面では、そのあまりのドラマティックさに感動せざるをえない。本作屈指の名シーンの一つであり、ドキュメンタリー映画としても抜きん出たポイントだ。事実であるからこその起伏が生むドラマが、ドキュメンタリー本来の魅力を充分に表出させているのである。

山あり谷あり、その他のどんなバンドでもあるような、ありふれた日常的な状況や、登場人物たちの様々な表情が織りなすこの物語のクライマックスは、1月30日の『ルーフトップ・コンサート』であろう。ビートルズに詳しくない人でも、一度は目にしたことがある、あの屋上コンサートである。これまでは編集された一部の映像しか観ることが叶わなかった、この『ルーフトップ・コンサート』が、ここでは修復された鮮明な映像で、なおかつノーカットにて観ることができるのだ。ジョージが頑なにリードを弾かず、代わりにジョンがリードを弾く等のぎこちなさも確かにあるのだが、それでも四人が揃って演奏することの名状しがたいマジックが克明に記録されている。壮大なドラマの末に展開されるこの屋上コンサートこそ、『ザ・ビートルズ：Get Back』の、というより、言ってしまえばバンド『ザ・ビートルズ』の魅力が凝縮されたシーンなのである。

ファンにとっては待望のドキュメンタリーであるが、本作からビートルズに興味を持った、という方もいると思う。そこで最後に、押さえておくべき映画をいくつか紹介しておきたい。

まずはリメイク元の『レット・イット・ビー』で、描かれ方の違いを確認して欲しい。『ザ・ビートルズ：Get Back』の後で観ると、その違いに驚く筈である。次に『ザ・ビートルズ・アンソロジー』

と、ロン・ハワードの『ザ・ビートルズ～EIGHT DAYS A WEEK』にて、バンドの全体像を改めて追ってみることをオススメしたい。この二作では、彼らの軌跡と奇跡がたっぷりと楽しめる。そしてこれら全てを観終わった頃には、すっかりザ・ビートルズというバンドにハマっていることだろう。どれも濃密ではあるが、歴史的重要バンドの膨大なドキュメンタリー、と思って変に構えずに、ぜひ気楽に観て欲しい。

『ザ・ビートルズ Get Back』
監督：ピーター・ジャクソン
出演：ジョン・レノン、ポール・マッカートニー、ジョージ・ハリスン、リンゴ・スター

Review

断片の集成から浮かび上がる姿――
『デヴィッド・ボウイ　ムーンエイジ・デイドリーム』とデヴィッド・ボウイ映画

森直人

デヴィッド・ボウイ（1947年生～2016年没）と映画の関係は深い。人気俳優でもあった彼は『地球に落ちて来た男』（76／監督：ニコラス・ローグ）や『戦場のメリークリスマス』（83／監督：大島渚）、あるいは『ハンガー』（83／監督：トニー・スコット）や『最後の誘惑』（88／監督：マーティン・スコセッシ）等といった超有名作から、アンディ・ウォーホル役を演じた『バスキア』（96／監督：ジュリアン・シュナーベル）や愉快なカメオ出演の『ズーランダー』（01／監督：ベン・スティラー）、さらに『ビギナーズ』（86／監督：ジュリアン・テンプル）や『ラビリンス／魔王の迷宮』（監督：ジム・ヘンソン）といった遊戯的な企画まで、ミュージシャンの兼業という枠を超えて出演作は相当な数にのぼる。加えてブロードウェイ舞台版の『エレファントマン』（80）で主演を務めたりなど、そもそもキャリアの初期から複数のペルソナ／架空のキャラクターを自ら纏っ

てきたボウイにとって、俳優＝「演じること」は表現活動の自動的な延長にあったのかもしれない。ちなみに幼い頃に『地球で落ちて来た男』の撮影現場を訪れていた長男のダンカン・ジョーンズは、『月に囚われた男』（09）や『ミッション：8ミニッツ』（11）などの映画監督になっている。

こういった華々しいフィルモグラフィに対し、一方でボウイが慎重に避けていたのは自らにまつわる伝記映画の類だ。70年代のグラムロックシーンを回顧し、特にボウイ最初のコンセプチュアル・アルバムである1972年の歴史的名盤『ジギー・スターダスト』――そこで演じた異星からの救世主「ジギー・スターダスト」という最大のペルソナをめぐる一連の騒動を中心にした『ベルベット・ゴールドマイン』（98／監督：トッド・ヘインズ。製作総指揮にはR．E．M．のマイケル・スタイプも名を連ねている）は大ヒットを記録したが、明らかにボウイをモデルにしたジョナサン・リース・マイヤーズ演じる役はブライアン・スレイドという名になり、当然ながらボウイは製作に一切協力しなかった（なので劇中、ボウイの曲はカヴァーも含めて全く流れない！）。また本人の死後に発表された『スターダスト』（00／監督：ガブリエル・レンジ）は、1971年に24歳のボウイが渡米した過渡期――「ジギー・スターダスト前夜」の数ヶ月を描くものだが、やはり遺族が認めず楽曲許可も下りなかった。これらが非公式扱いに終わったのは、いわゆるロックスターの素顔に迫るといったアプローチで、リニアな物語に収斂させていく形式が、虚実皮膜のイメージを多面的に撹乱し続けたボウイの表現に、真逆と言っていいほど反するからではないか。

では、いったいどんな「伝記映画」であれば、ボウイは首を縦に振るのか？　その回答例と呼べるのがこの一本――2022年、デヴィッド・ボウイ財団初の公認作として発表された『デヴィッド・ボウイ　ムーンエンジ・デイドリーム』である。監督のみならず製作・脚本・編集も手掛けたのは1968年LA生まれの米国人、ブレット・モーゲン。伝説の映画プロデューサー、ロバート・エヴァンスのドキュメンタリー映画『くたばれ！ハリウッド』（02）や、ザ・ローリング・ストーンズの50周年公式ドキュメンタリー映画『クロスファイアー・ハリケーン』(12)、ニルヴァーナのカート・コバーンのドキュメンタリー映画『COBAIN モンタージュ・オブ・ヘック』(15)などで知られる彼が、財団の保有する膨大なアーカイヴ映像にアクセスし、二年もの歳月をかけて135分の映像体にまとめ上げた。これがまさしく「リニアな物語」を拒否し、怒涛のモンタージュでボウイの全体像を乱反射する多面体として結晶させた、異色のアーティスト・ドキュメンタリーに仕上がっている。有り体に言うと「もしボウイが天国から我々に語りかけるなら、こんな風に自らの人生を振り返るだろう」とでもいったオフィシャルの仮説だ。

全編、生前のボウイによるナレーションにより導かれる構成で、例えばコメンテーターなどの他者による解説などは入らない。音楽やアート、セクシュアリティや仏教、人生哲学にまつわるインタビューなど談話の再構成だが、言わば本人の「自分語り」を想定して組み立てた音声——その意識の流れに巻き込まれるような映画体験となる。キーワードとなるのは、劇中でも言及される「断片の集積」という主題だ。さらにボウイは「人生とは断片の渦の中に意味を見ること」だとも語る。その思想性に倣い、映画の形式はサンプリングやコラージュの嵐。素材の中には鋤田正義撮影の写真や、日本のテレビ出演——宝焼酎「純」のCMや毎日放送の『ヤングおー!おー!』でインタビュアーの川村ひさしとやり取りしているレア映像なども交ざっている。また『2001年宇宙の旅』(68/監督:スタンリー・キューブリック)のスターゲイトをはじめ、『月世界旅行』(02/監督:ジョルジュ・メリエス)、『メトロポリス』(27/監督:フリッツ・ラング)、『アンダルシアの犬』(29/監督:ルイス・ブニュエル)、『フリークス』(32/監督:トッド・ブラウニング)、『愛のコリーダ』(76/監督:大島渚)など、ボウイが影響を受けた映画の引用も絡んでくる。

とあるテレビ出演時の「僕はコレクター。いろんな個性を集めている。哲学も寄せ集めだ」といったボウイのコメントも興味深いが、「断片の集積」を実践化したウィリアム・バロウズ由来のカットアップ手法は、ジャン=リュック・ゴダール的とも言えるし、ボウイが一時期良く組んでいたジュリアン・テンプルの初期MTV的文体を受け継ぐスタイルでもあるだろう。時系列は複雑な切断と接合を施されているが、そんな構成の中でも最初の師となった兄テリーの存在の大きさはよく判る(統合失調症からやがて自死に至った。ボウイが自分の人生を変えた一冊として挙げているジャック・ケルアックの『路上』も、テリーからの影響で読んだらしい)。ジェンダーレスやボーダレス、ダイバーシティにまつわる先駆性などは言うまでもない。それでも彼は単純に進歩的な価値観だけを体現してきたわけでもなく、『デヴィッド・ボウイ　ムーンエンジ・デイドリーム』が示すボウイの肖像は、あらゆる矛盾や亀裂を孕み、融合と分裂を繰り返す星——まさしく「★」(ブラックスター)のようだ。監督の強い希望でIMAX上映が行われたのも、ボウイという特異な個の宇宙を、丸ごと全身で浴びるように体感して欲しいという意図があったからに違いない。

なお、これだけガチな「特殊伝記映画」を実現させた『デヴィッド・ボウイ　ムーンエンジ・デイドリーム』は、率直に言って中級者以上のファン〜マニア向けといった印象がある。これからボウイの魅力を味わっていきたいビギナーの方々には、文句なしに最高のライヴ・ドキュメンタリー映画である『ジギー・スターダスト』(73/監督:D・A・ペネベイカー)をお薦めしておきたい。

『デヴィッド・ボウイ　ムーンエイジ・デイドリーム』
Moonage Daydream (2022))
監督・制作・脚本・編集　ブレット・モーゲン
音楽　トニー・ヴィスコンティ
出演　デヴィッド・ボウイ

Review

説明の難しい音楽家――『ZAPPA』

てらさわホーク

フランク・ザッパという音楽家について説明を求められて、常にどうにも途方に暮れてきた。１９６６年に最初のアルバム『フリーク・アウト！』を発表してから93年に生涯を閉じるまで、その間に62もの作品をリリース（ザッパ公式のナンバリングに基づく）。また亡くなった後にも未発表音源が続々出てきて、今やオフィシャル・アルバムだけでも１２７点を数える。しかもそれだけ膨大なディスコグラフィがロックにR&B、ジャズやクラシックから現代音楽、あるいはお喋りその他もろもろのジャンルの集合体となっているから大変だ。ちょっと興味があると言われて、何から薦めればいいのか見当もつかなくなる。

『フリーク・アウト！』から27年（アマチュア時代を含めれば38年）、ザッパは寝る間も惜しんでひたすら作曲をし、ギターを弾き、バンドメンバーに日給を払ってリハーサルを繰り返し、そしてツアーに明け暮れた。嗜好品は煙草とコーヒーのみで滅多に酒も飲まず、ドラッグなどはもってのほかだった。

明晰な思考と正確な演奏の邪魔になるからというのがその理由で、実際にバンドメンバーのドラッグ使用が分かると容赦なくクビを切ったという。音楽に対してそれだけ真面目な、いや真面目を通り越した鬼のような男であった。本人も含めて明らかに人知を超えた技術を持つメンバーを揃え、複雑怪奇な曲を正確に演奏しながら、しかし唄はしばしば超くだらない。そのあたりに惹かれてやまないのだが、まあ説明が難しい。そのうえ音楽ひとすじかと言えばまったくそんなことはなく、キャリアを通じて思想と表現に関する個人の自由を訴え、オーディエンスには政治への参加を呼びかけ続けたからますます一筋縄では行かない。

しかし『ビルとテッドの大冒険』でおなじみアレックス・ウィンターが監督したドキュメンタリー『ザッパ』は、そんな説明の難しい音楽家の生涯と作品群、それに人となりを見事に伝えている。フランク・ザッパってどんな人？と問われたら、まず本作を観てほしいと伝えればいいのだ。膨大な映像素材と数々の名曲を見事にまとめ上げた映画はまた入門篇としてだけでなく、ザッパの異常な才能を改めて俯瞰するにも役に立つ。時折観直しては震撼し、また百数十枚のアルバムをいちから聴き直すのである。

『ZAPPA』ZAPPA(2020)

監督　アレックス・ウィンター
音楽　ジョン・フリッゼル
出演　フランク・ザッパ

BD & DVD 発売中
BD ￥5,280（税抜￥4,800）　DVD ￥4,180（税抜￥3,800）
発売・販売：キングレコード

Review

笑ましくも豊かな音楽とコント――
『フランク・ザッパの200モーテルズ』

てらさわホーク

フランク・ザッパが初めて監督した長篇映画作品。ツアーに明け暮れ、旅から旅の生活でザッパたちが訪れたモーテルの数が実に200軒。それが本作のタイトルの由来だ。そんな旅路の途中で訪れた架空の街センターヴィルで、バンドの面々が繰り広げるあれやこれやを映画は描いている。と、非常にザックリした説明しかできないのは、この作品にさしたる物語が存在しないからであった。

ザッパとザ・マザーズが演奏する曲の合間合間に、即興のコント的な何かが差し挟まれる形で映画は進行する。98分の上映時間に対してオリジナル・サウンドトラック盤の尺は86分41秒（数年前にリリースされた50周年記念盤は434分25秒）。物語を追うための映像というより、音楽に付随ないし従属するものとして映像があるものと捉えたほうがいいのかもしれない。長篇映画としてははじめて全篇をビデオカメラで撮影、当時最新のエフェクトをさまざまに加えたのち、35ミリフィ

ルムへ変換したという。そのあたりのしち面倒臭い工程、そして散文的な構成も含めて、ザッパが思い描いた「映画」像はどこか微笑ましい。

ザッパの役を演じるのはリンゴ・スター。ザッパ本人も映画には出てくるのだがひとことも喋らず、ギターを弾く、あるいはロンドン・フィルを指揮するのみだ。どうにも人を食っている。

撮影は1971年2月にロンドンのパインウッド・スタジオで行われた。アルバム『チャンガの復讐』の翌年で、ザッパはこの時期「フロー&エディ」ことマーク・ボルマンとハワード・ケイランをボーカルに迎え、愉快な歌とお喋りを中心にしたステージを追求していた。「マジック・フィンガーズ」「ペニスの寸法」「ロンサム・カウボーイ・バート」などなど、映画のなかでもフロー&エディの馬鹿馬鹿しくも表現力豊かな掛け合いを楽しむことができる。歌とコントを1時間半ほど楽しみ、しかしこれは何を観せられているのだろうかと思ったところにフィナーレ「ストリクトリー・ジェンティール」が流れる。ロンドン・フィルの演奏に合わせて無数のキャストが声を合わせて歌う、その妙なスケールの大きさと、何よりあまりに美しいメロディに思わず落涙してしまう。

『フランク・ザッパの200モーテルズ』
TWO HUNDRED MOTELS (1971)

監督　フランク・ザッパ、トニー・パーマー
原案　フランク・ザッパ
音楽　フランク・ザッパ
出演　フランク・ザッパ、ザ・マザーズ・オブ・インヴェンション、リンゴ・スター

DVD 発売中　¥4,180（税抜¥3,800）
発売・販売：キングレコード

Review

伝記映画の系譜――『エルヴィス』ほか

長谷川町蔵

有名人の伝記映画を作るのは難しい。その人の写真や動画が大量に残っているがゆえに、作品は「再現」と「芸術表現」の狭間でバランスをとらなければいけない。ミュージシャンともなるとハードルはさらに上がる。遺族や資産管理団体が脚本を気に入らない限り、本人の音源を使わせてもらえないからだ。その場合、作品としての価値はほぼゼロになってしまう。今の時点で、アンドレ3000がジミ・ヘンドリックスになりきった『JIMI：栄光への軌跡』(2013)やベン・ウィショーがキース・リチャーズに扮している『ブライアン・ジョーンズ ストーンズから消えた男』(2005)を見ようとする人はよほどの物好きだろう。

そんな諸問題を解決しながらも、高い次元で娯楽映画として成立していたのが、ジェイミー・フォックスにオスカーをもたらしたレイ・チャールズの伝記映画『Ray／レイ』(2004)だった。その後の人生に決定的な影響をもたらす幼少期の事件、下積みからの栄光、そして転落からの復活という本作が作り上げたフォーマットは、これ以降のハリウッド産ミュージシャン伝記映画に決定的な影響をもたらした。

たとえばジェームズ・マンゴールドが監督したジョニー・キャッシュの伝記映画『ウォーク・ザ・ライン／君につづく道』（２００５）。兄の事故死、サンレコードとの契約、薬物中毒からフォーサム刑務所ライヴよる復活という完璧なストーリーラインを持つキャッシュを、私生活でも若くして兄を失っているホアキン・フェニックスが演じたことで、異様な説得力を孕んだ作品に仕上がっている（ホアキンの名優化は本作から始まった）。

ビーチ・ボーイズのリーダー、ブライアン・ウィルソンの伝記映画『ラブ＆マーシー 終わらないメロディー』（２０１４）もこの路線の延長にある。但し時間軸が長い本作には、ある仕掛けが施してある。それは物語のパートを60年代と80年代に分け、それぞれのブライアンをポール・ダノとジョン・キューザックに演じさせていることだ。これによってウィルソンにとってドラッグに溺れた70年代を文字通りの空白期と表現したのはある種の発明だと思う。

こうしたミュージシャン伝記映画の頂点に位置づけられるのが、バズ・ラーマンが監督したエルヴィス・プレスリーの伝記映画『エルヴィス』（２０２２）だろう。いかにもラーマンらしい過剰な情報量かつ絢爛豪華な演出によってスーパースターの一生を描ききった本作において、印象的なシーンはいくつもある。サーカスを巡る下積み期、主演映画の徹底再現、そして完全再現された「カムバック・スペシャル」やラスベガスのホテルにおける野心的なパフォーマンス。

しかし、どれかひとつと言われたら、痙攣したかのように腰を激しく動かす50年代のライヴ・シーンを挙げるだろう。このシーンを観たとき、現在活躍する米南部出身のラッパーたちを思い出した。彼らが取り組んでいる音楽「トラップ」は、ストリップ・クラブと密接な関係を持ち、それに伴うダンスはセックスを露骨に想起させるものである。そのため当初は批判を浴びていたが、ビートの快楽性によって今では音楽シーンを根本から変えてしまっている。つまり米国社会に及ぼした役割がかつてのエルヴィスと同じなのだ。

劇中でエルヴィスのヒット曲に混じってヒップホップ・チューン（多くはエルヴィスの曲をモチーフにしている）が多く流れるのは、新奇さを狙ったものではなく、エルヴィスが50年代版サウス・ラッパーだった事実を主張しているからにほかならない。事実、メンフィスでブルースとゴスペルを浴びるように育ったエルヴィスは、アフリカ系のブルースマンたちから、音楽やファッション面において多大な影響を受けていた。たしかにエルヴィスは結果的にアフリカ系から搾取したのかもしれない。しかしそれ以前に彼らへの共感があったことを、本作は教えてくれる。

もしここで紹介した映画をすべて観て楽しめたなら、ぜひロック系伝記映画のパロディ映画

『ウォーク・ハード　ロックへの階段』（2007）を観てほしい。ジョン・C・ライリー演じる架空のロッカー、デューイ・コックスは、幼い頃に兄弟を失い、ブルースで音楽に開眼し、ロカビリーでブレイクした後、ドラッグの海に溺れていくのだから。監督はジェイク・カスダン（バーズ&ザ・ビーのイナラ・ジョージの夫）で、脚本はカスダンとジャド・アパトー（ジャニス・ジョプリンを見出したボブ・シャッドの孫）が書いている。

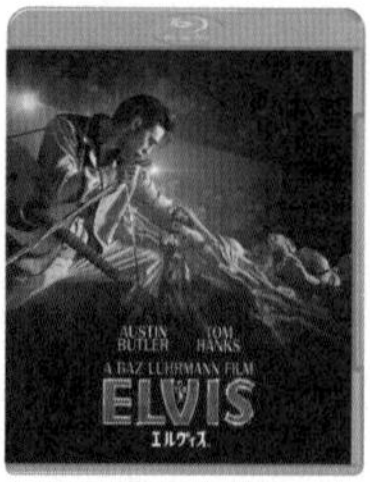

『エルヴィス』ELVIS
監督　バズ・ラーマン
音楽　エリオット・ウィーラー
出演　オースティン・バトラー、トム・ハンクス、オリヴィア・デヨング

Review

トム・ヒドルトンが演じるカントリーのレジェンド――

『アイ・ソー・ザ・ライト』

三田格

1937年から歌い始めて48年に初めてヒットが出て5年後に29歳で亡くなるまで破滅的な人生を駆け抜けたカントリー・シンガーの伝記映画。酒や女など後にロック・スターがやることはほとんどハンク・ウイリアムズがやり尽くしたといえ、〝Hey Good Lookin'〟や〝I'm So Lonesome I Could Cry〟といった有名な曲がどのようにできたかよりも人間的にはクズとしか言えない私生活の細部が執拗に描かれていく。

この作品を観る動機の半分は主演がトム・ヒドルトンだったからという人も少なからずだったと思うけれど、ヒドルトンが実像よりもモダンなイケメンの雰囲気を醸し出していることで悪魔的な魅力はなるほど倍増し、観客が発する雰囲気にも様々な表情を与えられているので、大衆とカリスマ性の距離感や関係性の変化が滑らかに伝わってくるところも面白い。中国語から古代ギリシャ語まで8つの言語を使い分けることで知られるヒドルトンはここでも米南部のアクセントを完璧にマスターし、歌唱や演奏も自分でこなしている（プロモーションもギターを弾きながらだった）。ヒドルトンはちなみにハンク・ウイリアムズの曲がシンプルだということにとても心を奪われたらしく、かなり入り込んだ模様。

「光が見えた」という映画のタイトルを意識して近景を暗くして遠景を明るくするというライティングが何度も繰り返され、レコーディングのシーンでも同じパターンが不思議な緊張感をもたらしている。子どもの頃から脊椎の病気にかかっていたことを周囲に隠していたため、柔らかな光に包まれたベッドに横たわる場面はそれだけでホッとさせるものがあったり。

ハンク・ウイリアムズが死んだ時間帯にはいまだ議論があるようだけれど、ここではコンサート会場に向かうキャデラックの中で心臓発作を起こしたことになっていて、場所的にも人間関係でもどこかに落ち着くことができなかった彼の生涯をそのまま表していた。

『アイ・ソー・ザ・ライト』I SAW THE LIGHT（2015）
監督　マーク・エイブラハム
音楽　アーロン・ジグマン
出演　トム・ヒドルストン、エリザベス・オルセン

『ザ・バンド　かつて僕らは兄弟だった』

ザ・バンドを語る視線――

柴崎祐二

©Robbie Documentary Productions Inc. 2019

ザ・バンドというのは、「正しく物語る」のがとても困難な存在だ。よく知られるように、各メンバーや関係者の人間関係の複雑な絡み合いによって「真実」へ触れづらいのに加え、その存在自体が、様々なレベルで神話化され、ときに当事者たちですらもその神話の重力圏から逃れることが難しい。そもそも彼ら自身が、アメリカ南部音楽の文化的な多層構造を自らに引き寄せて物語ることによって、自らのナラティブをも作り出そうとした。そして、その創造の輝きに一度魅入られると、私達もまた、ザ・バンドという存在を自らの目と耳を通じて物語りたくなるのだった（マーティン・スコセッシがかつて『ラスト・ワルツ』を通じてそうしたように）。

本作は、そんなザ・バンドの栄光と挫折を、『ロビー・ロバート

ソン自伝　ザ・バンドの青春』をもとに構成した映画だ。ホークス時代のドサ回り生活から、ボブ・ディランとの出会い、ウッドストックでの夢のような生活、メンバー間に生まれるすれ違い、そして瓦解まで、実に丁寧な構成で「物語る」。そう、この映画自体が、当然ながらある視点から物語られた「作品」でしかない。しかし、その当然過ぎる事実は、本作の価値を貶めるものではない。むしろ、ロバートソンがその生を通じてザ・バンドを「このように演じ、観ようとしていた」という視点の動きにこそ、映画的な魅力が宿っているといえる。この難しい作品の監督を任されたのが、1993年生まれのドキュメンタリー作家、ダニエル・ロアーだ。「そんな若造に何が分かるのか」って?違う。重要なのはザ・バンドの「何が分かるか」ではない。ザ・バンドから遠く離れた時代に生まれた彼が「ザ・バンドをどう語るのか」。その可能性こそが重要なのだ。果たして、ロアーの仕事は成功を収めていると思う。たとえ、ロバートソンの自伝をベースにしているとしても。いや、だからこそ、彼はそこに、自らの思うザ・バンドの物語を丁寧に重ね合わせたともいえる。

『ザ・バンド　かつて僕らは兄弟だった』
ONCE WERE BROTHERS : ROBBIE ROBERTSON AND THE BAND（2019）
監督　ダニエル・ロアー
製作総指揮　マーティン・スコセッシ、ロン・ハワードほか
出演　ザ・バンド、マーティン・スコセッシ、ボブ・ディラン

BD 5,500 円（税込）　DVD 4,180 円（税込）発売中
発売元：彩プロ 販売元：TC エンタテインメント

Review

今こそ見直したい反時代性——

『クリーデンス・クリアウォーター・リバイバル　トラヴェリン・バンド』

柴崎祐二

クリーデンス・クリアウォーター・リバイバル（以下CCR）のスゴさは、今の若い音楽・映画ファンにはちょっと分かりづらい類のものかもしれない。豪放で直球、シンプルで素朴なアメリカン・ロック・バンド。今となっては、彼らの最大公約数的なイメージはそんなところに集約されている。しかし、彼らが活動した時代の音楽シーンが、もっといえば周囲の世界がどんなものだったかを知れば、その特異性を理解しやすいはずだ。世はサイケデリック・ロックとヒッピー文化の拡散期。そんな中にあって、米南部音楽への憧憬と深い咀嚼力によって繰り出される彼らのサウンドは、ラジカルなまでに反時代的という意味で、すぐれて同時代的だった。

この映画は、そんなCCRがキャリアの頂点を極めていた1970年4月にイギリスに渡り、ロイヤル・アルバート・ホールで行ったコンサートの発掘映像を中心とするドキュメンタリー作品だ。監督は、『ザ・ビートルズ アンソロジー』や『フェスティバル・エクスプレス』等で知られる名手、ボブ・スミートンが手掛けた。前半は、彼らのデビュー前から上記コンサートに至る紆余曲折とスター街道邁進の様子をコンパクトな編集でまとめそれなりに見応えがあるが、なんといっても後半のライブ映像こそが目玉となる。

ヴォーカル／ギターのジョン・フォガティの荒々しいパフォーマンスは、そのレコード作品におけるポップなイメージとは裏腹に、クールで鋭い緊張感に溢れている。ギターのトーン、プレイの巧みさ、ヴォーカルの迫力。それに加えて、ジョンの圧倒的な才気に隠れがちな他メンバー＝トム・フォガティ、スチュ・クック、ダグ・クリフォードのパッション溢れる演奏も見逃せない。ジャイルズ・マーティンによるサラウンドミックスも特筆すべきクオリティだ。

高踏化するロックミュージックの流れの中にあって、そのヴァナキュラー性を守り抜き、賦活した稀有なバンド、CCR。その真の姿が再評価されるのは、これからだろう。

『クリーデンス・クリアウォーター・リヴァイヴァル トラヴェリン・バンド』
TRAVELIN' BAND: CREEDENCE CLEARWATER REVIVAL AT THE ROYAL ALBERT HALL (2022)
監督　ボブ・スミートン

Review

ヴェルヴェッツを取り巻くNYアート・シーン——

『ヴェルヴェット・アンダーグラウンド』『ソングス・フォー・ドレラ』

上條葉月

『ヴェルヴェット・アンダーグラウンド』（2021）はトッド・ヘインズ監督によるタイトルどおりヴェルヴェット・アンダーグラウンドのドキュメンタリーだ。作品は主にルー・リードとジョン・ケイルを中心に、彼らの生い立ちから、ヴェルヴェッツ結成、ウォーホルとの出会い、決別、ケイルそしてリードの脱退までを、当時のフッテージと音源、また2018年撮影当時の存命者へのインタビュー（完成を待たずして亡くなったジョナス・メカス含む）によって追っていく。

本作ではジョン・ケージやラ・モンテ・ヤングといったケイルが影響を受けた作曲家たちや、大学で詩人・文学者のデルモア・シュワルツに学びビートニク文学を好んだリードの作詞への影響など、彼らの音楽性についても描かれるのだが、同時に60年代NYのアートシーンの記録映画でもあり、そしてメカスを中心とするアンダーグラウンド映画の記録でもある。その背景のひとつには、劇中のメカスの証言どおり、当時多くのアーティストが領域を横断して活動していたことがある。ケイルは一時トニー・コンラッドや映画作家のジャック・スミスと暮らし、それぞれコラボレーションもしている。劇中ラ・モンテ・ヤングのドローンの音とアンディ・ウォーホルの映画に「時間を引き伸ばした芸術」だと共通点を見出す指摘もあるが、そうした領域を超えて芸術の新しい次元を切り開こうとしていたシーンがあったのだ。ヴェルヴェッツ自体、ウォーホルに巻き込まれる形でさまざまなアートが混沌とするシーンに関与したバンドであり、ファースト・アルバムと同時期、照明や映像、ダンスを用いたウォーホルによるマルチメディア・パフォーマンス「Exploding Plastic Inevitable」へ出演している。本作はそうした文脈や当時の文化的・社会的状況においてヴェルヴェッツがどのような存在であったかを提示する。

当時のフッテージでカメラを回すメカスの姿が印象的だ。ウォーホルと並び、当時のNYの映画・視覚芸術に対して大きな影響を与えただけでなく、作品や資料の保存に尽力したアンソロジー・フィルム・アーカイブとしての功績も大きい。ヴェルヴェッツをウォーホルに引き合わせたバーバラ・ルービンの唯一の映画『地上のクリスマス』（1963）ほか、ジャック・スミス、シャーリー・クラーク、ハリー・スミス、トニー・コンラッド、スタン・ブラッケイジ……当時の作家たちの作品が数えきれないほど贅沢に引用される。さらに本作はマヤ・デレンやマリー・

メンケン、オスカー・フィッシンガーといった先行する作家の作品も散りばめ、その文脈や背景さえも映像で見せたといえるかもしれない。さまざまな映像や証言がスプリット・スクリーンで目まぐるしく提示される中で、ヴェルヴェッツを取り巻くNYのアート・シーンの混沌とした空気や勢いをも映し出した作品だ。

本作の撮影監督エドワード・ラックマンは以前にもヘインズの『エデンより彼方に』（2002）『キャロル』（2015）を手がけているが、彼は1990年にケイルとリードによる無観客ライブの記録映画『ソングス・フォー・ドレラ』を監督している。本作の16㎜ネガは長らく失われていたが、『ヴェルヴェット・アンダーグラウンド』制作準備の過程で発見され、4Kレストアに至ったという。

ドレラとはドラキュラとシンデレラをかけ合わせたウォーホルのあだ名だが、『ソングス・フォー・ドレラ』はケイルとリードが87年に死去したウォーホルに捧げたアルバムであり、そのライヴである。ルー・リード曰く「ウォーホルの生涯を音楽によって一望したものだが、まったく架空のストーリー」だ。リードとケイルによるウォーホルへの愛憎入り混じる関係が反映された楽曲の詳細は割愛するが、興味深いのはこの作品のシンプルな構成である。本作は、アルバムの順に楽曲を演奏するのみであり、コメントもない。ショット自体も、ステージ全体、リードとケイルをシンプルに映したもの、そして背景幕にウォーホルの関連映像が時折映るのみである。

ヴェルヴェッツはウォーホルのおかげでアルバム制作に至った一方、前述の映画で描かれるように彼をとりまくシーンに巻き込まれ、不本意に消費されたという部分もあっただろう。その彼らが長年の音楽家としてのソロ活動等を経て、今度は彼の人生自体を「音楽」にしてしまったのだ。ウォーホルの人生に少なからず翻弄された2人が、その人生を音楽に昇華する。リードが最後に歌うようにこれが彼を追悼する「唯一の方法だった」のだろう。だからこそこのライブ記録映画は、極力余計なものを排除したのではないだろうか。彼らの音楽で、ウォーホルと向き合い直すために。

『ヴェルヴェット・アンダーグラウンド』 THE VELVET UNDERGROUND (2021)
監督　トッド・ヘインズ
撮影　エドワード・ラックマン

『ソングス・フォー・ドレラ』 SONGS FOR DRELLA (1990)
監督・エドワード・ラックマン
出演　ルー・リード、ジョン・ケイル

Review

1984年と2020年のデヴィッド・バーン——
『ストップ・メイキング・センス』『アメリカン・ユートピア』

佐々木敦

『ストップ・メイキング・センス』は日本初公開時(1985)に観たはずだ。私は21歳だった。『リメイン・イン・ライト』(1980)に衝撃を受けて以来、トーキング・ヘッズは大好きなバンドのひとつだった。記憶が曖昧だが、確か劇場はシネヴィヴァン六本木だったのではないだろうか? だとしたらそれから二年後、私はそこで働くことになるわけで、そういえばヴィヴァンのレイトショーでリバイバル上映をやったのじゃなかったか? うーむ、思い出せない。当時を覚えている方、ぜひ教えてください!

2017年に亡くなったジョナサン・デミ監督が、当時音楽シーンの最先端にいたトーキング・ヘッズのライヴをフィルミングしたこの作品は、言うまでもなく音楽映画史上屈指の名作である。それまでのコンサート映画の多くが公演に到るまでの経緯やオフショット、インタビューなどを混じえたドキュメンタリー仕立てであったのに対し、デミとデヴィッド・バーンは、ひとつのライヴの始まりから終わりまでを、ただ順番に観せるだけという、ある意味そっけないほどにストイックなアプローチによって、音楽ライヴ映画に鮮やかな革新を齎した。

観客はシンプルに、トーキング・ヘッズのコンサートを丸ごと追体験する。そして、それだけなのだ。他に余計な要素は一切ない。にもかかわらず、満足度はすこぶる高い。何故か? デヴィッド・バーン、ティナ・ウェイマス、クリス・フランツ、ジェリー・

ハリソン、以上四人のメンバーに、サポート・ミュージシャンのバーニー・ウォーレル、アレックス・ウィアー、スティーヴ・スケールズ、リン・マブリィ、エドナ・ホルトを加えたステージ・パフォーマンスが圧倒的に素晴らしいのはもちろんだが、監督デミの卓越した映像センスによるところも大きい。ラジカセをぶら下げてステージにふらりと出てくるバーンの足元を手持ちカメラで捉えたファースト・ショットが、この映画のスタイルを予告している。ステージ全体を見渡す定点ショットが少なく、カメラはバーンとともに激しく動き回り、他のメンバーの見せ場では各人にきっちりフォーカスしながらも、とにかくめまぐるしい編集で一瞬たりとも飽きさせない。ライヴ・ムービーにおける映像設計のお手本として後続に決定的な影響を与えたことは疑いない。

　特筆すべきは、被写体にかなり近づいた絵が多いにもかかわらず、演奏者がカメラをほとんど見ないことである（一箇所だけサポート・メンバーがカメラ目線をしてみせるが）。たぶんこれは決め事だったのだろう。このことによって、この映画は客観的な臨場感とでもいうべきクールな生々しさを獲得している。セットリストは、この時点での最新作『スピーキング・イン・タングズ』（１９８３）までの5枚のアルバムからのベスト的な選曲で（ただしなぜか『リメイン・イン・ライト』の1曲目で同アルバムのクリエイティヴィティが凝縮された曲「Born Under Punches (The Heat Goes on)」は入っていない）、まさにキャリアの絶頂期、ライヴバンドとして脂の乗り切った時期のトーキング・ヘッズの若さ（といってもすでに30代だったが）とエネルギーに満ち溢れた演奏を堪能出来る。

　それから36年という長い時間が流れた２０２０年、コロナ禍の延期を経て、デヴィッド・バーンのコンサートをスパイク・リー監督が撮った『アメリカン・ユートピア』が日本公開され、スマッシュヒットを記録したのは記憶に新しい。この映画のことはnoteに長めに書いたことがある（「デヴィッド・バーンのコネクショニズム――『アメリカン・ユートピア』評」https://note.com/sasakiatsushi/n/n7986aafd7b29）。ジョナサン・デミとスパイク・リーはかなり違ったタイプの映画作家だが、『アメリカン・ユートピア』も『ストップ・メイキング・センス』と同様、バーンのライヴを最初から最後まで観せることに専心したシンプルな作りの作品である（リーの方がデミよりやや手数が多いが）。バーンのソロ曲だけでなく、トーキング・ヘッズ時代の代表曲もやっている。当然ながらバーンの見た目は年齢を重ねているが、ステージアクションは相変わらず若々しい。彼自身は表面的に加齢しただけで、36年前とほとんど変わっていないように見える。変わったのは彼の外側である。

『ストップ・メイキング・センス』では、まず裸舞台にバーンが現れてアコギで弾き語りを始め、彼が歌っている間にスタッフが舞台上で準備して次の曲でベースのティナ・ウェイマスが入り、続いてジェリー・ハリソンが加わり、そしてドラムセットが載った可動板が運ばれてきてクリス・フランツが叩き出す、というように1曲ごとに演奏者が出てきてステージ上が埋まっていくという演出がなされていた。現在も多くのライヴがそうであるように、そこには楽器以外にマイクスタンドやシールド（ケーブル）類があった。ところが『アメリカン・ユートピア』は「何もない空間」から始まるのは同じだが、バーンを始めとするミュージシャン全員がマイクも楽器もワイアレスであり、しかもドラマーも含めて楽器は体に装着しているので、床にも「何もない」。バーンらはマーチングバンドよろしくステージ上を自在に動き回りながら演奏する。当然、このことによって絵面も変化していて、あ

くまでも「ロック・バンドのライヴ映像の進化形」であった『ストップ・メイキング・センス』に対し『アメリカン・ユートピア』はコンテンポラリーダンスのような幾何学的なフォルムを獲得している。

もうひとつの「外」は、アメリカという社会／国家である。『アメリカン・ユートピア』の終盤には、バーンがMCで聴衆に、会場に設置されたアメリカ大統領選挙への選挙人登録を呼びかける場面がある。『ストップ・メイキング・センス』には政治性・社会性は希薄――ライヴ中に舞台後方に映し出される複数のキーワードはさまざまな問題を示唆していたが――だったが、『アメリカン・ユートピア』は明確に「トランプのアメリカ」への挑戦という側面を持っている。それはデヴィッド・バーンの変化であり、アメリカ合衆国の変化であり、世界の変化である。それはジャネール・モネイの「Hell You Talmbout」をカヴァーするシーンにも示されている。バーンは白人男性である自分がこの曲を歌っていいのか悩んだが、モネイは「これは（皆の）連帯の歌だから」と快諾したという。コール&レスポンスで警官に殺された人々の名が呼ばれるたびに、その人たちのありし日の写真を遺族が抱えているショットがカットインする。これはジョナサン・デミとスパイク・リーの違いというよりも、１９８４年と２０２０年の違いである。

さて、２０２４年、『ストップ・メイキング・センス』は、A24の配給により、４Ｋレストア版として約40年ぶりに本格的にリバイバル・ロードショーされる。私は一足早くＩＭＡＸでの劇場試写を観た。私は59歳になっていた。デヴィッド・バーンは現在71歳だ。全米公開のティザー映像は、普段着のバーンがクリーニング店に例のビッグ・スーツを取りに来るという心憎いものだった。『アメリカン・ユートピア』の時から、更に世界は変わっている。音楽は、映画は、しばしばタイムマシンの役割を果たす。そういえば『ストップ・メイキング・センス』というタイトルも、新たな意味を帯びているのではないか？

『アメリカン・ユートピア』
DAVID BYRNE`S AMERICAN UTOPIA (2020)
監督　スパイク・リー
製作　デヴィッド・バーン、スパイク・リー
振付　アニー・B・パーソン
出演　デヴィッド・バーン

『ストップ・メイキング・センス』
STOP MAKING SENSE (1984)
監督　ジョナサン・デミ
出演　トーキング・ヘッズ
配給：ギャガ
2024年2月2日（金）TOHOシネマズ日比谷他全国ロードショー

Review

メイル兄弟とエドガー・ライトの箱庭世界――

『スパークス・ブラザーズ』

森直人

幸福な時間が続く141分の傑作ドキュメンタリー。フロントマンで歌手の華やかな弟ラッセル（1948年生まれ）と、ソングライターで鍵盤を弾く奇才然とした兄ロン（1945年生まれ）。俳優と演出家のコンビの様でもあるメイル兄弟＝エキセントリックなポップ・デュオ、スパークスの軌跡／奇跡。監督は『スコット・ピルグリム VS. 邪悪な元カレ軍団』（2010）、『ベイビー・ドライバー』（2017）、『ラストナイト・イン・ソーホー』（2021）等で人気のエドガー・ライト。説話構造はバイオグラフィー型だが、自分の好きなものを詰め込む「趣味の箱庭」的なライトの流儀が発揮された賑やかなバンド・クロニクル映画になった。

「英国のバンドかと思ってたらカリフォルニア出身なの!?」というネタから始まり、超豪華コメントゲストが約80名登場。愛と祝福に溢れるパーティー・ムービーだが、その中でも「彼らを理解するにはハリウッド映画というプリズムがいる」など、F.S.Sでスパークスと組んだ優秀な後輩アレックス・カプラノス（フランツ・フェルディナンド）の証言は要所を押さえたものが多い。実は兄弟ふたりともＵＣＬＡで映画を学んでおり、コッポラやドアーズのジム・モリソン＆レイ・マンザレクとニアミスしているのだ。だがスパークスと映画の関係は『ジェット・ローラー・コースター』（１９７７）へのゲスト出演――サーストン・ムーアいわく「あれは最低の映画だった（笑）」――から始まり、ジャック・タチやティム・バートンとの企画の頓挫など呪われた案件が続いていた。それを解消したのがレオス・カラックス監督と全面コラボした『アネット』（２０２１）である。この作品と『スパークス・ブラザーズ』は、同時期に立ち上がった全く質の違うＷ傑作としてＡ／Ｂ面的なワンセット感がある（尺もほぼ同じ！）。

また胸を打たれるのはメイル兄弟の持続可能な健全さだ。同世代の刹那的な生を燃焼させた面々とは異なり、日々淡々と仕事をしているだけ。それでもユニークな表現の怪物は暴れてくれる。この穏やかな在り方こそ、表現（者）の未来形を示しているのではないか。

『スパークス・ブラザーズ』THE SPARKS BROTHERS（2021）
監督　エドガー・ライト
出演　ロン・メイル、ラッセル・メイル、ベック、フリー

Review

パンクが生んだ自由な女たち──

『ザ・スリッツ：ヒア・トゥ・ビー・ハード』

上條葉月

© Here To Be Heard Limited 2017

1976年、セックス・ピストルズやザ・クラッシュらが現れた英国パンク・ムーヴメントの中で、当時としては珍しいガールズ・パンク・バンドとして結成されたスリッツ。本作はバンド結成の経緯から、81年の解散、そして2006年の再結成から2010年のアリ・アップの死までを追ったドキュメンタリーだ。パルモリヴやテッサ・ポリット、ヴィヴ・アルバータインら初期メンバーや、再結成メンバーたち、歴代スタッフや音楽ジャーナリストなど、多くの関係者の証言と当時のフッテージによって構成される。

70年代英国階級社会の中で生まれたパンク・ムーヴメントにおいても、反抗的で奔放な彼女たちへの反発は男性以上に大きかった。

劇中、彼女たちは移民を中心としたレゲエ・アーティストたちに共鳴する一方、ラスタファリ運動の女性差別的な思想への複雑な感情も吐露される。初期メンバーたちが当時の混沌とした状況を次々と語る序盤は、そうした社会に反発し自由に楽しもうとする初期衝動の勢いと熱狂的な雰囲気が伝わってくる。

スリッツはガールズ・パンク・バンドとして、そうした批判もありつつ次第に反響を呼んでいった。しかし彼女たちはその殻さえも破っていく。パルモリヴ脱退以降は男性のドラマーが参加したり、レゲエやフリージャズ、ワールドミュージックを取り入れてゆくなど、自分たちを型にはめることなく自由を追求する姿が映し出される。

初期の記録映像が多く残っている背景には『ザ・パンク・ロック・ムーヴィー』(1978)を制作した映像作家ドン・レッツが初代マネージャーを務めていたことが大きいだろう。そして再結成後に関しては、アリ自身が映画を作ろうとしていたのだ。彼女は死期を悟っていたのか、「全てをカメラに収めてほしい」と言っていたといい、アリの演出による映像も用いられている。本作はアリ・アップの早すぎる死で幕を閉じる。だがこの映画が映し出すのは最後まで創造的に生きた女性の姿であり、彼女たちの闘いの記録だ。それこそがアリが映像に残したかったものなのだろう。

『ザ・スリッツ：ヒア・トゥ・ビー・ハード』
HERE TO BE HEARD: THE STORY OF THE SLITS（2017）
監督・脚本・撮影・編集　ウィリアム・E・バッジリー

BD & DVD 発売中
BD｜¥2,750（税抜¥2,500）　DVD｜¥2,090（税抜¥1,900）
発売・販売：キングレコード

Review

セックス・ドラッグ・ロックンロールに明け暮れた栄枯盛衰――

『クリエイション・ストーリーズ 世界の音楽シーンを塗り替えた男』

杉田元一

80年代から90年代のイギリスのポップ・ミュージックを定義したふたつのインディ・レーベル、ファクトリー・レコードとクリエイション・レコードを題材にした映画がついに出揃った。ファクトリーを作ったトニー・ウィルソンを主役に据えた『24アワー・パーティー・ピープル』は2002年に作られたが、クリエイションとアラン・マッギーの『クリエイション・ストーリーズ』が作られるまでには20年近い時間を要した。もっともちょうどマッギーの新レーベルIt's Creation Babyの立ち上げとともに映画が完成したのは神の采配と言えなくもない。

ともにセックス・ピストルズから受けた衝撃がその後の人生を決定づけたという共通点はあるものの、そもそものとき年長のウィルソンが20代後半で、マッギーが10代後半だったということは重要だ。当時すでにテレビ局にポストを得ていたウィルソンと、父親との関係に悩みながらミュージシャンを目指すティーンエイジャー、マッギー。先鋭的なサウンドメイクとデザインでスタートを切ったファクトリーと、友人ネットワークでつながったミュージシャンのレコードを家内制手工業的にリリースするために作られたクリエイション。戦略に長けたウィルソンと自らのカンのみで動くマッギー。これらの違いがふたつの映画のありかたを決定づけてもいる。マイケル・ウィンターボトム監督と主役のスティーヴ・クーガンは、ファクトリー・レコードとマッドチェスターの時代を見事に定義してみせた。それに対してニック・モラン監督と製作総指揮のダニー・ボイル、そして主役のユエン・ブレムナーが描いたのは、クリエイションとブリットポップの時代などではなく、セックス・ドラッグ・ロックンロールに明け暮れた男の栄枯盛衰譚である。徹底的に息子を理解しなかった（パンクバンドSkidsのリチャード・ジョブソン演じる）父親がオアシスのセカンドを聴きながら歌うシーンで幕、はいくらなんでも出来過ぎではとも思うが、マッギーが紡いできた「物語」はこうでもしないと永遠に終わらなかったのだろう。

『クリエイション・ストーリーズ　世界の音楽シーンを塗り替えた男』
CREATION STORIES（2021）
監督　ニック・モラン
製作総指揮　ダニー・ボイル
脚本　アーヴィン・ウェルシュ、ディーン・カヴァナー
音楽　チャド・ホブソン
出演　ユエン・ブレムナー、スーキー・ウォーターハウス、ジェイソン・アイザックス

Review

アウトロー・スカムファック(あるいは)血みどろの聖者に関する記録『全身ハードコアGGアリン』+『ジ・アリンズ 愛すべき最高の家族』

ヒロシニコフ

全裸で咆哮！　観客と乱闘！　脱糞！　流血！　あまりにエクストリームなパフォーマンスで伝説と化したパンク・ロッカー、GGアリン。その姿を追ったドキュメンタリーが『全身ハードコア GGアリン』である。衝撃の暴行シーンや、性器も糞尿もモロ見えの過激なステージ映像がふんだんに収められており、もはやドキュメンタリーならぬ「ショックメンタリー」の域。一方でGGの幼少期を知る人々やファンからの証言も盛り込み、「人間」GGアリンの姿を探求しようという制作者の思惑も見て取れる。それは結果として「パンク」や「奇行」といったベールを一枚ずつ剥いでゆき、GGの本質を明らかにするものでもある。ファン代表としてインタビューを受けるアンクの言葉は、それを紐解くカギだ。ファンはなぜGGに惹かれるのか？　との問いに対して「自分で発散できないものを、GGを通して吐き出せるんだ」と彼は語る。また、GGの全身に入れられた乱雑なタトゥーについて、兄マールは「ファンが勝手に彫るんだ。自分の描きたいことをな」と笑う。つまり、GGはステージに集まる人々の抱える憤りや怒りを一手に受け止め、代替的に自己破壊と共に発する、いわばシャーマンのような役割を果たす存在であったのだ。だがしかし、GGと観客の間で呼応していた怒りと暴力行為の交歓はおぞましい増幅を重ね、最悪の結果を迎えることになる。

ドキュメンタリーはひとたび完成したが、その直後にGGが薬物の過剰摂取で急死。それを受けて急遽GGの葬儀の映像を加え、映画は真の完成を迎えた。幕切れはショッキングなものになったが、それもGGの破滅的な生き方を見たらさもありなん、とも思える「落としどころ」を得たように見える。だが、本作のDVDに特典映像として収録されているGGのラストステージ「ライブ・アット・ザ・ガス・ステーション」も併せて観ないことには、GGについて十分に語ったとは言えないだろう。

ガソリンスタンドの廃墟でGGは数曲をプレイした後、観客と乱闘。そのまま全裸で廃墟を飛び出し街に出る。ファンは熱に浮かされたようにGGに続く。「まるで聖者の行進だな！」とGGは血まみれで叫び、全裸で通りを練り歩く。ファンは騒ぎ、街を破壊しながら彼に追従する。やがて警察も出動す

る暴動と化し、ＧＧはタクシーで友人のアパートへと逃げ帰ることに。そこが彼の死に場所となるとは知らず……。ファンが憤懣をぶつけ、ＧＧが暴力的に応え、それがライブ会場に留まらず「聖者の行進」として噴出した直後の死。それはまるでボイラーの圧力が限界を超え、爆発する様とよく似ている。ＧＧはあまりに多くの怒りを飲み込み、自己破壊の臨界点を迎えたのだ。

ＧＧの死を以て映画が完結したとするならば、遺された家族に焦点を当てたドキュメンタリー『ジ・アリンズ 愛すべき最高の家族』は「幸福なエンドロール」と言える。ＧＧの死から24年、「ＧＧは大っ嫌い。でもケヴィン（ＧＧの本名）のことは愛してる」と語る母親アリータと、バンドメンバーでもあった兄マールを軸に映画は進む。「ケヴィン」に慈愛の目を注ぐ母親に対し、マールは自分の糞便を用いて絵を描くなどの行為を通して「ＧＧ」を理解しようとする。またＧＧのバンドメンバーの面々も「客にドラムスティックを尻の穴に突っ込ませる」変態パフォーマンスを繰り広げることで、まるで己にＧＧを憑依させるかのような振る舞いを見せる。だが、彼らは決してＧＧになることはできない。彼らには人々の怒りを受け入れ、それを自己破壊と共に放出するだけの器が無いからだ。しかしながら、彼らもそれは理解しているのだろう。

あくまでスタイルとしてGGを受け継ぐ、カルチャーとして遺す。その等身大のスタンスこそが尊い輝きを放つ。母アリータがバンドの演奏を見て「ひどい音楽」と浮かべた満面の笑顔は、GGを、ケヴィンを遺そうと奮闘する彼らの輝きに対するものに他ならない。

『全身ハードコア』の原題は「HATED（嫌われ者）」だ。だが、どうだいGG、あんた死んだ後ウン十年経っても、まだ皆に慕われてるぜ。そんなアンサーソング的な意味合いも含めて、この2本は共に観るべき映画なのである。

最後にGGアリンと映画の連関についても触れておきたい。『全身ハードコア』を監督したトッド・フィリップスが後に撮る作品には、必ず破壊的なお騒がせキャラが登場する。『ハングオーバー！』シリーズ（09–13）のアランや『ウォー・ドッグス』（16）のエフレムなどがそれだ。その人物造型の背後には、やはりGGアリンが大きな影を落としていることは否めない。極めつけは『ジョーカー』（19）である。終盤の暴動シーンは、『全身ハードコア』の本編には収められなかったGGの「聖者の行進」そのものではないか！　GGの魂はフィリップスの手によりジョーカーへと宿り、今度は銀幕越しに世界の抱える怒りを吸収し、再び解き放ってみせたのだ。

『全身ハードコア GG アリン』Hated: GG Allin and the Murder Junkies (1993)
監督　トッド・フィリップス

『ジ・アリンズ 愛すべき最高の家族』The Allins (2017)
監督　サミ・サイフ
DVD 発売中 | ¥2,090（税抜¥1,900）
発売・販売：キングレコード

政治はどこにあるのか

須川宗純

政治の話がうざったく思える人は少なくないと思うんだ。面倒くさそうだし、自分から首をつっこむのもかったるいしね。でも、社会で起こっていることに対して、「おかしいな」とか「ふざけんな」と思う火はそっとでもいいから燃やしていた方がいい。そんな気持ちを後押ししてくれるかもしれない音楽映画を何本か選んでみたんで、機会があったらぜひ観てみてほしい。

『白い暴動』と『ZAPPA』

現代のポピュラー音楽にとって、ブラックミュージックは最大のパワーになっている。にもかかわらず、黒人に対する差別がいまだに続いているのは、ポピュラー音楽にとってぬぐいがたいスキャンダルだ。黒人ミュージシャンの生涯を扱った音楽映画には、必然的にそのポイントが色濃く残される。ジェイムズ・ブラウン、アレサ・フランクリン、ビリー・ホリデイ、その数は枚挙にいとまがない。でも、「いや、自分は差別された経験なんかないし、共感しろっていわれても……」って人もいるかもしれない（行く

Column

ところに行けば、きみもりっぱに差別される対象だけどね）。そこで、差別される人たちの側に立とうとする作品を紹介しておこう。『**白い暴動**』（監督＝ルビカ・シャー、2019年）だ。

1970年代後半のイギリスで、極右政党ナショナルフロントの支持率が上昇するなど移民排斥や人種差別的な風潮が高まる中、それに対抗する運動「ロック・アゲインスト・レイシズム」が誕生した。この映画は彼らの闘いと、1978年に行われた約10万人の大行進＋音楽フェスのもようを捉えたもの。最初はごくわずかな若者の運動だったものが、瞬く間に時代を動かすようになるまでの経緯も興味深い。出演は、ザ・クラッシュ、トム・ロビンソン、スティール・パルスなど。ライヴ映像も素晴らしい！

この映画のタイトルにもなってるクラッシュの「白い暴動」って曲だけど、これが「アナーキー・イン・ザ・UK」みたいになんかよくわかんないけどブッ壊せーみたいな話じゃなくて、明確に黒人差別の話から始まってるのはめっちゃ重要。それに対して**白人の側が**暴動を起こすべきだっていう歌だからね。これは胸アツ！　なぜかというと、それが社会を守るってことだから。ここが残念ながら圧倒的に日本に足りてない部分ではある。朝鮮人差別が行われていたら、日本人こそが怒るところなんだ！

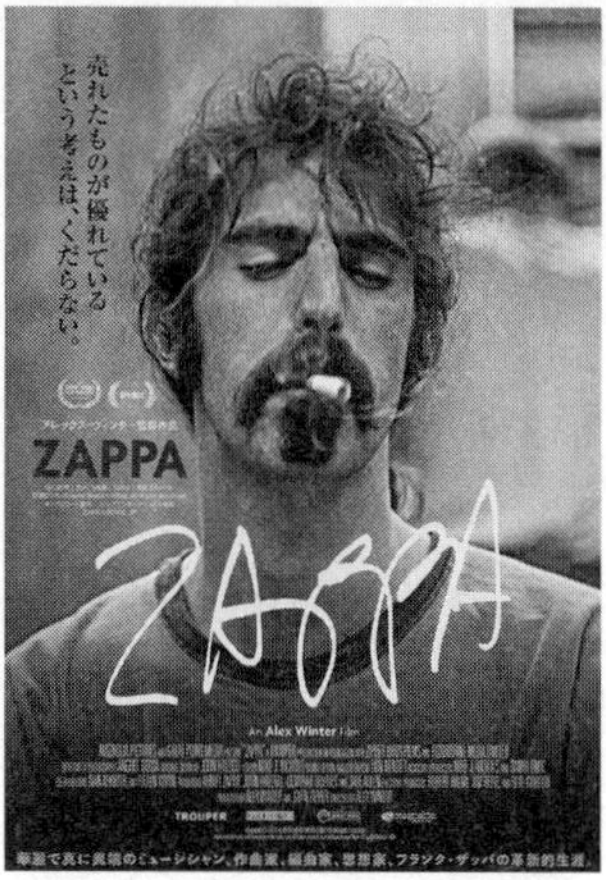

『ZAPPA』（監督＝アレックス・ウィンター、2020年）の主人公、フランク・ザッパは、めちゃくちゃ優れた作曲家・ギタリスト・バンドリーダーでありつつ、言論の自由のために身体を張って闘った人。「アメリカ」を心から愛する彼が政府とは真っ向からやり合うっていうのは、本当に美しいことだと思うな。

1986年、アル・ゴアの妻ティッパーらが中心となって作ったペアレンタル・ミュージック・リソース・センターがポップミュージックの歌詞の検閲に乗りだしたのに対し、ザッパは上院議会の公聴会で反対の論陣を張った。結果として、アメリカレコード協会はペアレンタル・アドヴァイザリーのステッカー（例のアレ）を導入することを決めたものの、PMRCがもくろんでいたその基準を示すガイドラインの作成はされないことになった。ザッパ自身はこの幕引きにも当然納得していない。

映画『ZAPPA』では、TVでの討論会のようすが少しだけ映し出されている。登場人物は4人、身体がくっつかんばかりの距離で、ザッパ以外は全員PMRC側。ザッパが何かいうと、よってたかっていちゃもんをつける、つまり公開つるしあげである。そんな中でも堂々と登壇し、しかも一歩も引けをとらないというこの態度にはさすがに心打たれたね……！

『エチオピーク』と『カンボジアの失われたロックンロール』

グローバルミュージックのファンにはよく知られた『エチオピーク』というコンピレーションCDのシリーズがある。エチオピアでは1960年代から70年代にかけてポピュラー音楽の黄金時代があって、この時期に生まれた音楽を集めたものだけど、西洋のポップス、ジャズ、ソウル、ファンク……といった音楽の影響を受けつつ、どれとも絶妙に違った味わいを生み出していて、音楽の尽きせぬ可能性を感じさせてくれる。同時に、こんな独特な音楽がこんな限られた地域、限られた時代に生まれてくることにはなんだか不思議な気がするね。

いま「限られた時代」って書いたけれど、この黄金時代は1975年にエチオピア暫定軍事政権が成立することで、あっという間に終焉してしまうんだ。信じられない！　これはそれまでのハイレ・セラシエ1世の専制や悪政が原因なんだけど（ちなみに、レゲエの歌詞で有名なマーカス・ガーヴィーが称えた「ラス・タファリ」とはこの人のこと）、それで亡くなった人よりその後の政権に殺害された人の方が全然多いんだから、なんだかねえ……。

さて、この『エチオピーク』から生まれたドキュメンタリーがある。タイトルも当然『**エチオピーク**』（監督＝マチェイ・ボシュニャク、2017年）。前半は、エチオポップの黄金時代やその音楽に魅せられたプロデューサーらの話が中心。ちなみにリリースが開始されるのは90年代になってからだから、こちらもたいへんな根気だ。後半は一転して、バンドが演奏旅行でアメリカに行き、そのまま住み着くことになって……という話。だいたいは音楽をやめて、アメリカで成功したりしなかったりするんだけど、最後には意外な展開が待っている。結果はどうあれ、政治が原因で故国を離れるかどうかの決断を迫られるというのは、やっぱりたいへんなことだよね。

アジアでも似た話はある（しかもいっぱい）。Dust to Digital からリリースされた『Don't Think I Am Forgotten』っていうコンピレーションを聴いたことのある人もいるかもしれない。これは１９５０年代から70年代にかけてのカンボジアのポピュラー音楽を集めた作品だ。ご存じのとおり、カンボジアでは１９７５年にクメール・ルージュが政権を掌握、それからミュージシャンをはじめとする芸術家・知識人・公務員・宗教者などが片っぱしから捕えられ、強制収容所に送られた。その数は当時の人口の13〜29%といわれている。大量虐殺だ。

先に挙げたＣＤは同名の映画のサウンドトラックとして作られたもので、映画の方も『**カンボジアの失われたロックンロール**』（監督＝ジョン・ピロジー、２０１４年）として、今はネットで観られます。これがねえ、人も音楽もいい感じなんですよ。それが映画を観ていくと、この人も消えた、この人も殺された、という話になっていって、もう胸が詰まるったら……。

結局、ポピュラー音楽が花開いていた時代というのは、西洋文化が入りこんできて、伝統文化の枠組みが揺るがされる時期でもあるわけだよね。それがけしからんと考えて、弾圧したがる人もいる。どう思います、日本のみなさん？　オレからはとりあえずひとこと、国家による虐殺はやめろ！

『蜜蜂と遠雷』と『芸術家・今井次郎』

「たいへんなのはわかったけどさ、もうちょっとこう身近なことから始められるようなのってないの……？」。それが俗にいうデモってやつなんだけど(笑)、確かに自分の身の回りにも考えるべきことはいっぱいある。職場とか学校とか親子関係とか男女関係とかだって政治の現場だからね。ただ、日本の青春音楽映画は、おおむねそのへんの掘り下げが甘いよね。ここではちょっと違う観点から選んでみよう。

やっぱりみんな天才の話が好きじゃない？　オレもです。モーツァルトもレノン＝マッカートニーも、大谷翔平も井上尚弥も藤井聡太も大好き。人より秀でたものをもっている人を見るのは単純に楽しいし、まだ見ぬ地平を見せてくれる（かもという）喜びは何ものにも代えがたい。

『蜜蜂と遠雷』（監督＝石川慶、２０１９年）は恩田陸の小説の映画化で、国際ピアノコンクールに挑む４人のピアニストの物語。それぞれが才能と固有の背景を抱えながら、コンクールが進むうちに互いの間に交流が生まれ、触発し合うようになっていく。中でも、夜の楽器店で松岡茉優と鈴鹿央士がふたりだけで連弾するシーンなんかは、もう号泣必至の素晴らしさ！
でも、本作を単なるバトルものの構図から救っているのは、松坂桃李演ずる高島明石の存在だろう。音楽大学を出たものの楽器店に就職し、妻子をもちながら音楽を続ける彼が考える「生活者の音楽」は、明石自身がストーリーの必然から優勝争いから脱落するとしても、彼ら天才たちに突きつける問いとしていまだに有効だ。

いや、別に天才にケンカを売る必要はないんだけれども（笑）、天才の方を見上げてばかりいたり、天才の登場を待ち望み続けることは、やはり不健全な気がするよね。かつての日本が繁栄し、また今でもまがりなりにも社会が回っているのは、天才ではなかった人々ががんばってきたおかげなわけだから（そのがんばりに頼りすぎたあげくがこの惨状でもあるわけだけど）。

そこで紹介したいのが、『**芸術家・今井次郎**』（監督＝青野真悟・大久保英樹、２０２１年）という映画だ。今井はパフォーマンスグループ、時々自動の音楽を長年担当しながら、２０１２年に亡くなったミュージシャン・造形作家。時々自動は音楽・ダンス・演劇・映像・美術といったジャンルを超えた活動を続けてきたカンパニーで、作品には明確なストーリーラインもなければ、中心となるパフォーマーもいない。だから、初めて観る人は「?」となるかもしれない。でも、『セサミ・ストリート』みたい

なもんだと思って素直に接すればすごく楽しいし、各パートが独自のアイディアをもって念入りに作られていることもわかるはずだ。『芸術家・今井次郎』には時々自動やソロ活動から生まれた、美しかったりヘンテコだったりする作品たちがあふれている。

今井は自称「天才」でもあったけれど、そのありようは『蜜蜂と遠雷』に出てくる天才たちとはまるで違っている。誰にもできないことを競うのではなく、誰にでもできることで面白いものをひねり出す天才なのだ。時々自動もそれぞれのメンバーが地力を高めつつ(びっくりするような芸をもっている人もいる)、アンサンブルによって新たな表現力を獲得していく集団で、創作活動の中にあるヒエラルキーを壊し、メンバーの関係のあり方を変えていくことが主宰の朝比奈尚行の眼目のひとつだったことは疑いない。今井もその点では共鳴する部分が多かったことだろう。

時々自動は現在も今井の作った曲を演奏し続けている。さっき「初めて観る人は「?」となるかも」なんて書いたけれど、もちろん全体を統御するコンセプトはしっかり存在している(それを読みとることをはなから放棄しているお客さんが多いのは残念なことだ)。近年三河島の元映画館(というスペース)で行われている公演では、ロシアのウクライナへの侵攻やガザの虐殺を糾弾する方向がはっきりと打ち出されている。今井の声も、現在の彼らの演奏のうちにきっと響いているはずだ。

Column

ポリスとこそ泥とスピリチュアリティ——レゲエ映画へのイントロダクション

荏開津広

レゲエ映画について私たちがすぐに思い起こせるのは1972年の傑作『ハーダー・ゼイ・カム』以来の否定できぬ輝かしい伝統である。この光明に導かれる途について述べる前に、1970年に制作されたおそらく史上初のレゲエの長い映像作品『レゲエ』について少し触れる。

『レゲエ』は、トリニダート・トバゴ生まれ、ロンドンで絵画や写真を学び、イギリスの黒人映像作家の先駆者たるホレス・オヴCEBによって監督・制作された1時間のドキュメンタリーである。後に触れる『ルードボーイ』でも重要な出来事として言及される1970年に開催されたウェンブリー・アリーナでのレゲエ・フェスティヴァルの模様を収めたもので、「一万人、一万人の観衆が集まった」という冒頭のナレーションが当時の興奮を伝えてくれる。

その2年後、キングストン近郊で育ちBBCで経験を積んだ後にジャマイカに戻り広告映像などの制作に携わったペリー・ヘンゼルによる『ハーダー・ゼイ・カム』は、1940年代のジャマイカの民衆ヒーロー、史上初のルード・ボーイなどとも呼ばれる実在した犯罪者、ヴィンセント・ラ

イギン・マーティンの半生を緩やかに参照しながら、ジャマイカの首都のハードな環境下において主人公が否応なしに反社会的な存在になっていくありさまとその結末が描かれる。ケン・ローチやジョン・カサヴェテスに影響を受けたというヘンゼルは、アナログの手持ち撮影カメラの登場がなければ同作の誕生はなかったとし、映画史における芸術運動〝シネマ・ヴェリテ〟との関連が指摘されている。

レゲエ映画というフレームからここで少しばかりレゲエと映像へと横滑りしていくことをお許し願うとするなら、例えば、UKのサウンド・システムの歴史を語るジャー・シャカのインタヴュー（※1）の冒頭で彼は次のように話し始めるが、それはまるで聖なる書に記録された叙事詩のようにさえ響く。少し長いが書き起こす。

「私はジャー・シャカ。スピリチュアルなサウンド・システムと音楽を中心に1960年代から活動を続けています。当時のイギリスは、カリブから移民した人々にとっては大変苦労の多い時期で、音楽が人々をひとつにする唯一の要素だった。ジャマイカやカリブに移住するためにアフリカ

※1　Jah Shaka on UK Soundsystem History, Red Bull Music Academy、2014年（https://youtu.be/3QNWpnwWgc4?si=h4s4URvqfoRSjwPR）

を後にした彼らが、唯一持って出ることができたのは自分たちの歌と音楽だった。奴隷船には何も持っていくことができなかった。ふるさとの思い出と歌しかなかった。長い年月を経て音楽は人々の支えとなっていった。人種差別があった当時としては、非常に重要な役割を果たしていた」

スカからロック・ステディ、そしてレゲエへ、という形式の変遷の時期は、ジャー・シャカが回想するように西インド諸島の労働力が大きな波のようにUKに移植され定着していく第二次世界大戦後の時代と重なっている。彼の宣託が正しいとして人々を結びつける唯一の価値が音楽ならば、ジャマイカからの移民の生活を描く際に、どのように音楽が人々を結びつけいかに音楽ビジネスが人々を離していったかの叙述は必然であり、2018年に制作された『ルードボーイ　トロージャン・レコーズの物語』では1960年代からのUKのレコード・レーベルの栄光と挫折が緻密な再現ドラマとレゲエ・ファンなら馴染み深い数々の音楽の誕生秘話が語られる。

ちょうど『ルードボーイ』が描いたレーベルの一旦の終焉が1975年として、その直後のジャマイカに渡ったカメラが、ボブ・マーリィーとウェイラーズ、ジミー・クリフ、

ジョー・ヒッグスの弾き語り、アビシニアンズの〝サッタ・マサガナ〟にハイレ・セラシエ皇帝に興奮する片足の少年、メイタルズにマイティ・ダイアモンズ、当時のサウンド・システムの風景、Uーロイ、リー・スクラッチ・ペリーのスタジオ作業風景（プロデュースしているのはヘプトーンズ！）、レコード・プレス工場への潜入からビッグ・ユースのチラ見せまで一刻も目の離せぬ映像が続くのはドキュメンタリー『ルーツ・ロック・レゲエ』である。

1978年には『ロッカーズ』が公開されている。そもそもはドキュメンタリーとして構想されたという本作ではヴィットリオ・デ・シーカのネオ・レアリスモ映画『自転車泥棒』に倣って、ホースマウス、バーニング・スピアー、グレゴリー・アイザック、ディリンジャーなどが俳優としてカラフルな画面狭しと活躍するが、間違いなくレゲエ映画のクラシックのひとつに数えられるだろう。

その2年後、ロンドンはブリクストンを舞台に、ジャマイカ以外で初の国産のレゲエがイギリスの音楽産業へと食い込んでいく時代に制作されたのが、その主役のバンドのひとつ、アズワドのメンバーを主人公役に起用し、人種差別、警官による暴力、音楽とその場、例えばサウンド・システム

の重要性を据えた『バビロン』である。監督フランコ・ロッソは、アントニオ・グラムシ「南部問題について覚え書」さながら、イタリアはトリノ出身、両親はフィアットの修理工場で働く労働者、彼自身はケン・ローチの『ケス』のアシスタントを務めたことから映画に携わり始め、階級／人種差別を描いたのである。

1980年代に登場したダンスホール／サウンド・システムのDJやセレクターについての映像は、その初期のものとしても、1986年の人民国家党の選挙キャンペーンの一環としてのステレオ・マーズにおけるマイケル・マンリーと連呼するカッティ・ランクスの比類なきパフォーマンスに始まり数多く残されている。しかし、どうしても予算が大規模になる映画となると、いわゆる〝ダンスホール・レゲエ〟がジャマイカやイギリスだけでなく、アメリカのチャート・アクションで注目されるようになった以後、例えば、1995年の『クラッシュ』、もしくは1997年の『ダンスホール・クィーン』まで待たなくてはならなかったようだ。

後者はパンクとレゲエとの共闘において重要な役割を果たしたドン・レッツがミュージック・ヴィ

デオなどを手掛けていたリック・エルグッドと共同監督を務め、ビーニマン、レディ・ソウなどが本人役で登場し、シングル・マザーの苦闘と彼女のミステリアスなもうひとつのアイデンティティについての物語だ。女性を主役に据えたレゲエ映画として同作が現在まで観るべき1本として数えられている一方で、2003年、同じくレッツとエルグッドがキマーニ・マーリーを主役に手掛けた『ワン・ラブ』はあまり話題にならなかった。もっとも、ここにキャストされたイドリス・エルバは2018年、ジャマイカのギャングスター小説の映画化『ヤーディ』を監督する。

ここでは主に紙数の関係上『カントリーマン』（1982年）や、幾多もあるサウンド・システムのドキュメンタリー、もしくは日本のレゲエの歴史の最大の功労者の1人、石井志津男氏による『ラフン・タフ』（2010年）などにも残念ながら触れることができなかった。機会があればこれらの映像も是非観ていただきたく思う。

自明のことながらストリート・ミュージックという存在とそのフォーマット自体が、極めて政治的かつ社会的な意味においての世界的なアフロ・ダイアスポラの過程と暫定的な逐次報告に他ならない。だからこそ少しでもここに記すことができたかどうか、政治／スピリチュアリティから安易に引き剥がすことを赦さないレゲエという偉大なるストリート・ミュージックを、今年公開されるというボブ・マーリーの伝記映画『ボブ・マーリー：ワン・ラヴ』がどのように扱っているのか、ここまで読んでくださったみなさんと共に楽しみに待ちたい。

Review

改めて注目を集めるカルト・クラシック――

『バビロン』

野中モモ

1980年代初頭のロンドンでレゲエやダブを奏でるカリブ系移民2世たちの姿を活写したカルト・クラシック。主人公のブルー（アスワドのブリンズリー・フォード）は昼間に整備工として働きながら、夜は仲間と結成したユニット〈アイタル・ライオン〉のDJとして活動している黒人青年。サウンドクラッシュでのジャー・シャカ（本人）との対決を控えて意気を上げるものの、人種差別が浸透した英国社会での日常は決して楽ではない。

監督はドキュメンタリー『Dread Beat and Blood／ダブ・ポエット　リントン・クウェシ・ジョンスン』も手掛けたフランコ・ロッソ。共同脚本のマーティン・スティルマンは『さらば青春の光』でも知られている。移民のルーツを持つ白人男性たちが、映画館で開催された演劇ワークショップをきっかけに黒人のキッズとサウンドシステム文化に出会って生まれた作品なのだそうだ。ブリクストンやデットフォードなどの南ロンドンおよびロンドン中心部でロケ撮影された街並みや人々の様子も貴重。名手クリス・メンゲスが貧しい環境にも射し込む美しい光を捉えている。アスワドとジャー・シャカはもちろん、ジョニー・クラーク、ジャネット・ケイらの楽曲がドラマを彩り、デニス・ボーヴェルが劇伴に大活躍。

完成当時カンヌ映画祭に出品されたものの、「人種間の緊張を引き起こす恐れがある」として大規模な公開は見送られ、幻の傑作と呼ばれてきた。2019年にニューヨークでプレミア上映されて反響を呼び、世界の傑作を紹介して名高いクライテリオン・コレクションにも入った。アメリカ人たちは『ドゥ・ザ・ライト・シング』の10年近く前にこんな映画が撮られていたなんて!」と驚いたに違いない。2022年には日本でも劇場公開が叶った。ちなみにレゲエ用語で「バビロン」といえばクソな社会システムや国家や権力のことだが、ずばり警察を指す言葉でもあるそうだ。

『バビロン』BABYLON（1980）
監督　フランコ・ロッソ
音楽　デニス・ボーヴェル、アスワド
出演　ブリンズリー・フォード、カール・ハウマン

Review

甦る美しき革命の記録——

『サマー・オブ・ソウル（あるいは、革命がテレビ放映されなかった時）』

シブヤメグミ

このハーレム・カルチュラル・フェスティバルが開催されたマウント・モリス公園に集まっていたのは、ハーレムの住民ってだけじゃない。マーティン・ルーサー・キング・ジュニア、ローザ・パークスにグウェンドリン・ブルックス達の子孫であり、ブリオナ・テイラーにレキア・ボイド、トレイヴォン・マーティンにジョージ・フロイド達の先祖だ。「ＢＬＭ」という三文字が意味を持つずっと前から差別は世界中に横たわっていた。このライヴフィルムの姿を借りた、こんなにも素晴らしくて美しい革命の記録が50年もの間ずっと忘れられていたという事実。それがすべてを物語っている。

監督はヒップホップ・バンドのザ・ルーツのドラマーにして、世界的なレコード・コレクターとしても知られるクエストラヴ。このバンド名「ザ・ルーツ」は、アレックス・ヘイリー原作のクンタ・キンテの物語である『ルーツ』が由来であることから、彼ほどこの映画の監督に相応しい存在はいないだろう。彼自身がバンド活動を通して、「音楽」という言葉が名詞の殻を突き破って動詞にも魔法にも生まれ変わり、「革命」を起こすことを知っているからだ。この映画に登場するミュージシャンとその演奏、いまかいまかと待ち構えているオーディエンスの表情、熱気、熱狂。それだけがすべての革命。夢じゃない、ただの記憶でも記録でもない。私自身もこの世界の登場人物のひとりだという自覚を更新し続けるための小さな革命が、映画という形になってここにある。

　私はこの映画を映画館で25回観た。あの日のマウント・モリス公園のひとりに何度もなりたかったのはもちろんだが、それ以上に、忘れられていた50年を巻き返したかったからだ。そんなことをしても巻き返せないものがあるのも知っている。それでもなお、この衝動を抑えることができなかった。まだこの革命が、いまも生々しく続いているから。

『サマー・オブ・ソウル（あるいは、革命がテレビ放映されなかった時）』
SUMMER OF SOUL (...OR, WHEN THE REVOLUTION COULD NOT BE TELEVISED)（2021）
監督　アミール・“クエストラヴ”・トンプソン
撮影　ショーン・ピーターズ
出演　スティーヴィー・ワンダー、ニーナ・シモン、スライ&ザ・ファミリー・ストーン、グラディス・ナイト、マヘリア・ジャクソン、B・B・キング

Review

帝王の孤独——

『ジェームス・ブラウン〜最高の魂（ソウル）を持つ男〜』

三田格

没後につくられた初の伝記映画。ジェームズ・ブラウンについてよく知らない人が観てもそれはそれで面白い。

幼い頃に両親に捨てられ、叔母の経営する売春宿で育ったことなど過酷なエピソードの連続から誰のことも信じなくなった青年は刑務所で音楽と出会い、リトル・リチャードを追ってR＆Bで成功し、ファンクという新しい音楽スタイルを築きあげるも、そのような快挙を成し遂げた仲間さえ信じることはなく、ひとり先へと進んでいく。彼の孤独はヴィオラ・ディヴィス演じる母親と再会するシーンやエンディングで頂点に達し、ちょっと声を失うほど。もしもジェームス・ブラウンがここまで家族というものに無縁でなければ、公民権運動との連携や黒人社会に「ブラザー」と呼びかける動機も加速度をつけなかったのではないかと、逆説めいた心の動きまで推測したくなる。

彼が誰にも心を許さなかったことは同じ年に公開されたアレックス・ギブニー監督『ミスター・ダイナマイト：ファンクの帝王ジェームス・ブラウン』に集められた遠慮のない証言によって見事に裏もとられている。マイルス・デイヴィス〝So What〟からファンクが生み出されていく過程など音楽の変遷についても同ドキュメンタリーは詳しく、政治的発言や髪型の意味など批評的な視点も豊富なので興味を持たれた方には併せて観ることをお勧めしたい（いずれの作品にもミック・ジャガーがプロデュースに名を連ねている）。

主演のチャドウィック・ボーズマンは4年後に『ブラック・パンサー』で大ブレイクするも20年に癌で死去。ジェームズ・ブラウンは体の動きがとんでもなく、ブレイクダンスの元祖みたいなダンスは再現度も高く、キング牧師が暗殺された日に行われたボストン・ガーデンや71年のパリ公演などはなかなか見せるものの、クリス・ロックみたいなボーズマンの喋り方はどうにも引っかかるところ。原題は『Get On Up（ゲロンパ）』。

『ジェームス・ブラウン〜最高の魂（ソウル）を持つ男〜』
GET ON UP (2014)
監督　テイト・テイラー
製作　ミック・ジャガーほか
出演　チャドウィック・ボーズマン、ネルサン・エリス

Review

総合芸術としてのヒップホップ――

『STYLE WARS』

吉田大

1983年に公開された『STYLE WARS』は、主にグラフィティ文化を扱ったドキュメンタリーだが、ラップ、DJ、ブレイキン、グラフィティの四大要素からなるHip Hopを「総合芸術」として捉えた作品でもある。その事実を象徴するかのように、冒頭シーンには作曲家ワーグナーによるオペラ『神々の黄昏』の一部が採用されている。

そもそも総合芸術とは、ワーグナーが提唱した概念で、オペラに代表される音楽、演劇、歌、ダンス、造形が結合した芸術を指す。とはいえ同作の撮影当時、四大要素は異なるシーンを形成し、Hip Hopという一つの文化としては認識されていなかった。監督は、なぜ四つの文化を一体のものとして、しかもオペラに準えて記録しようと考えたのか。おそらくマイノリティの若者が、ほぼ同時期に作り出した新しいカルチャーを、まとめて白人に承認させるための演出だったのだろう。

一方、Hip Hopカルチャー拡散のフィクサーであるファブ5フレディは、Hip Hopへと発展するムーブメントの原型は当時すでに存在していたと語っている。

「カルチャーが本当のカルチャーになるには、音楽、ダンス、ヴィジュアルアートがなけりゃダメだっていう話を昔どこかで読んだことがあるんだ。それを読んだ時、俺にはピンと来た。『これって今まさに起きていることじゃないか』ってね」（ファブ5フレディ※）

鶏が先か、卵が先かはさておき、『STYLE WARS』がグラフィティ文化をリアルに切り取った傑作であることは間違いない。またグランドマスター・フラッシュ「The Message」、ラメルジー＆Kロブ「Beat Bop」などオールドスクールの名曲に彩られた音楽映画であり、著名なブレイキン・クルーのバトルが収録されたダンス映画としての側面も併せ持っている。本作を通じてHipHopカルチャーの成立、そして全世界への拡散前夜のニューヨークに漂う熱い空気を感じ取ってほしい。

※ジェフ・チャン『ヒップホップ・ジェネレーション』（リットーミュージック）より

『STYLE WARS』（1983）
監督　トニー・シルヴァー

壁の向こうの声に耳を傾ける——

『自由と壁とヒップホップ』

吉田大

イスラエル政府によって、パレスチナ市民への移動の強制、そして大量虐殺が行われている。引き金となったのは、2023年10月7日にイスラム組織ハマスが行ったイスラエルへの一斉攻撃だ。強く批判されて然るべきだが、一方でハマスが蛮行を引き起こすに至った動機にも目を向けるべきであろう。その背景の一端を知ることができるのが、2008年にサンダンス映画祭で公開されたドキュメンタリー映画『自由と壁とHipHop（原題『Slingshot Hip Hop』）』だ。

本作は、パレスチナにおけるHipHopのオリジネーターDAM（Da Arabian MC's）、ガザで活動するPR（Palestinian Rapperz）らの証言を通じて、イスラエル〜パレスチナを覆う苛烈な状況を伝えている。ラッパーたちは、パレスチナ住民の居住エリアと外界とを物理的に隔てる壁の前に立ち、辛辣な言葉をカメラに投げかける。「壁の前では自分が小さく思える。高さじゃなく背後でこの壁を支える強大な力のせいだ。壁を前に世界が沈黙しているせいだ」と。

DAMのメンバーでパレスチナ初のラッパーでもあるターメルをポリティカル・ラッパーへと変

貌させたのは、2000年に発生したパレスチナ人による抵抗運動「インティファーダ」だった。この闘争において、民衆は本作タイトルの由来ともなっているスリングショット(=投石器)を手にイスラエル軍と対峙したという。イスラエルが抱える巨大な権力、そして最新鋭の兵器と比べれば、ラッパーたちの叫びはスリングショットと同じく心許ない。それでも彼らは声をあげ続ける。外界へと自分たちの主張を届け、いつの日か高い壁を打ち倒すために。

今、パレスチナの人々に必要なのは、壁の外側からのリアクションだ。そのために我々ができることといえば、まずは彼らが発する声なき声に耳を傾けることだろう。本作の鑑賞はその第一歩になると信じている。最後にあらためて、即時停戦と公正な和平を。

『自由と壁とヒップホップ』SLINGSHOT HIP HOP（2008）
監督　ジャッキー・リーム・サッローム

ショーターの黒魔術に迫る——

『ウェイン・ショーター：無重力の世界』

長谷川町蔵

２０１４年にウェイン・ショーターのライヴを今は亡きBunkamura オーチャードホールで観たことがある。彼は当時すでに81歳だったのだが、演奏はトンデモないものだった。過去の有名曲のモチーフが提示されたと思うと次の瞬間、それは解体されて別の何かへと姿を変えていく。ショーターの黒魔術は健在どころかピークに達していた。その9年後の２０２３年3月に世を去るまで、精力的な活動を続けた彼の評伝ドキュメンタリーが『無重力の世界：Zero Gravity』である。Amazon Prime で配信開始されたのは存命であれば90歳の誕生日にあたる２０２３年8月25日。監督は、ショーターの映像を以前から手掛けてきたドーセイ・アラヴィが務めている。

作品は1時間前後のエピソード3本で構成されており、エピソード1で幼少期からアート・ブレイキーやマイルス・デイヴィスのサイドマンとして活躍するまで、エピソード2でウェザー・リポート時代とソロ初期、そしてエピソード3でミレニアム以降の姿を描いていく。旧「アドリブ」読者なら、ウェザー・リポート時代をさらっと触れる程度なことに対して怒るかもしれないけど、バンドメンバーへの無茶振りが凄まじいクインテット演奏や、エスペランザ・スポルティングを迎えた怒涛のオーケストラ・ジャズといった後期の音源を聴いたら、その構成にも納得するはず。

盟友ハービー・ハンコックをはじめ、ソニー・ロリンズやジョニ・ミッチェル、カルロス・サンタナ、ドン・ウォズ、そしてソニー・ロリンズ御大といった友人たちを通じて、本人の功績を賞賛していくパート自体は普通の音楽ドキュメンタリー風なのだが、本作のキモはそこではない。注目すべきは、本人の（信仰しているのは大日如来のはずなのに）禅問答的なモノローグにカトゥーン・アニメやVFXを重ねた内省・幻想パートの方なのだ。これがあるからこそ、ショーターが何者であるか、そしていかに不可解な人物であるかが実感できるというわけだ。

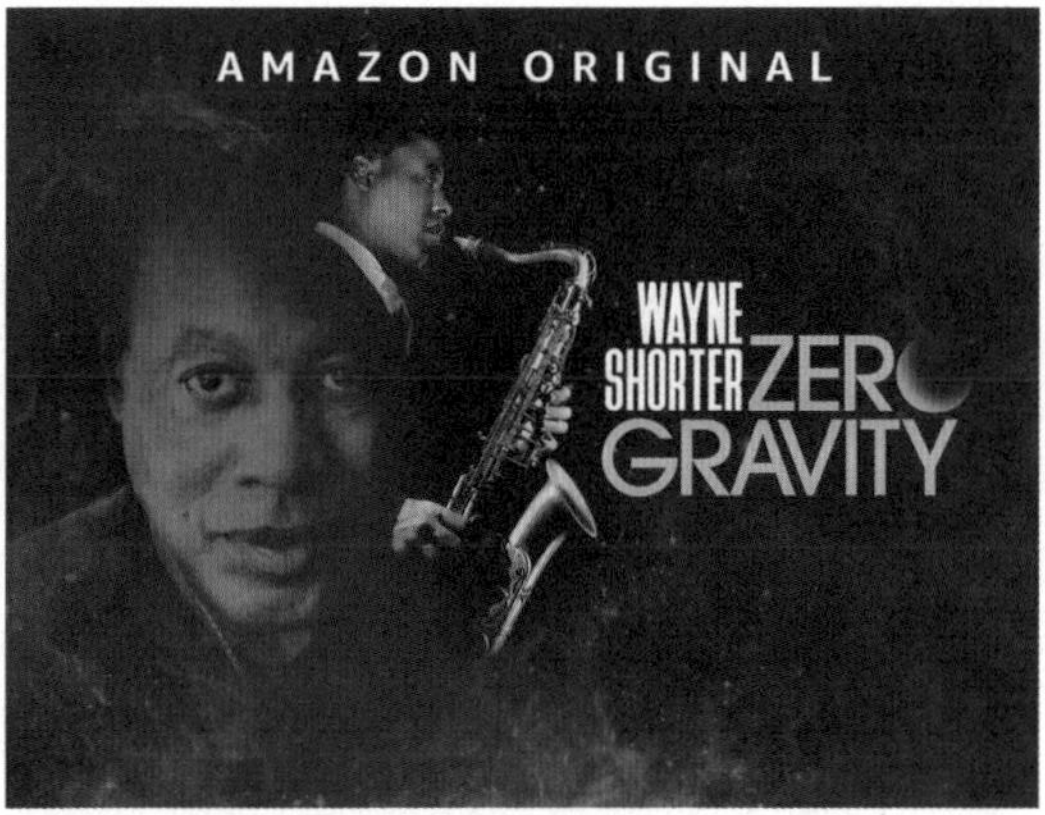

『ウェイン・ショーター：無重力の世界』
WAYNE SHORTER: ZERO GRAVITY (2023)
監督　ドーセイ・アラヴィ
出演　ウェイン・ショーター、ハービー・ハンコック

Review

ジョン・ゾーンのイメージを刷新する――『ZORN』

細田成嗣

稀代の音楽家ジョン・ゾーン（1953-）のイメージが刷新される映画だ。それとともに彼の音楽の底知れなさと魔術的な魅力が一段と浮かび上がってくる。本作の以前／以後で、とりわけ日本におけるジョン・ゾーンの理解は大きく変化していくのではないだろうか。

ジョン・ゾーンといえば今もなお80～90年代に形成されたイメージが根強く残っているように思う。つまりNYダウンタウンのアヴァンギャルドな音楽シーンで頭角を現し、集団即興を組織化する「コブラ」をはじめとしたゲーム・ピースを考案する一方、1988年に結成したバンドのネイキッド・シティではグラインドコア的な速度で無数のジャンルを接合、ポストモダンな音楽的アプローチを特徴としつつ、近年は自身のルーツであるジューイッシュ・カルチャーに目を向けた「マサダ」のプロジェクトに取り組んでいる――熱心なリスナーでなければそのように認識したまま止まっている人も少なくないのではないか。しかし「マサダ」の始動からはすでに30年も経過しており、当然といえば当然だが、21世紀以降も彼は現役のミュージシャンないし音楽プロデューサーとして活動を続けてきている。2010年から2022年にかけての活動を追ったドキュメンタリー三部作である本作は、特にテン年代以降のジョン・ゾーンの現在の姿を捉えているという点で、こうしたイメージを更新するような、ジャーナリスティックな意味でも貴重な記録となっている。そこにはネッド・ローゼンバーグやビル・フリゼール、マーク・リボー、モリイクエ、巻上公一といった旧知のミュージシャン仲間だけでなく、ギタリストのジュリアン・ラージやピアニストのブライアン・マルセラ、またはドラマーのタイショーン・ソーリーやギタリストのメアリー・ハルヴァーソン等々、主に21世紀以降にキャリアを本格化させた新しい世代のミュージシャンが多数登場してくる。そうした新しい才能を前にして、ジョン・ゾーンが実に楽しそうに音楽を聴き、時に賛辞を送る場面の数々も印象的だ。たとえば現代ジャズ・シーンでも活躍するネイト・スミスを評して「彼はすばらしいドラマーだ。完璧だよ。全てを持っている」と絶賛する。

もう一つ注目したい本作のポイントは、フリージャズのサックス奏者というような極めて一面的な見方——しかしそのように捉えている人もやはり少なくないのだろう——からは思いもよらないような、ジョン・ゾーンのコンポーザーとしてのこだわりが窺えるところである。たとえば弦楽四重奏のリハーサル中、タブレット型端末で譜面を食い入るように眺めながら横に置いたノートにメモを書き込んでいき、ひと通り演奏を終えた後にどの小節のどのパートがどういうふうに音を出すべきなのか非常に細かく指示出しをしていく。その偏執的にも見えるディレクションは、プレイヤビリティのみを重視するようなタイプのフリージャズとは似ても似つかない。とはいえ面白いのは、そうは言ってもジョン・ゾーンの脳内に音楽の完成形があるわけではなく、つまり独善的な作曲家とも全く異なるからだ。実際、弦楽四重奏のリハーサルを聴いた彼は「最高だね。鳥肌が立った。ほれぼれしたよ。音楽の域を超えている。楽譜から抜き出して生きたものになってた。君たちはゴーレムに命を吹き込んだ。魔法がかかったようだった」と語っている。譜面の完璧な再現ではなく、あくまでも演奏を通じてそこを超え出たところに「生きたもの」がある。それが最もよくわかるのは三部作の三作目『Zorn Ⅲ』だろう。他の二作とは異なって物語仕立てで構成されたこのパートでは、難解な譜面に悪戦苦闘するソプラノ歌手バーバラ・ハンニガンと、作曲者であるジョン・ゾーンが、コンサートの実現へと向けて私信も交えたやり取りを行なっていく様が主に収められている。そこで彼がハンニガンに送る言葉にコンポーザーとしての音楽哲学が集約されているように思う——すなわち「完璧にやるのが理想だが、完璧さはスタティックであり、音楽はダイナミックだ」。

映画を観終えてからますます確信するようになったことは、ジョン・ゾーンはチャールズ・アイヴズやハリー・パーチ、ジョン・ケージやスティーヴ・ライヒらと並び立つような類稀なコンポーザーの一人なのではないかということだった。そう考えるとアメリカ実験音楽の文脈から彼の足跡をあらためて捉え返すこともできるのではないか、と思ったのである。

『ZORN I』ZORN I(2016) 『ZORN II』ZORN II (2018) 『ZORN III』ZORN III (2022)
監督・撮影・録音　マチュー・アマルリック
出演　ジョン・ゾーン

Review

ルーツ・ミュージックのゴタ混ぜ《ジャンバラヤ》——
『アメリカン・エピック』

後藤護

『アメリカン・エピック』という、1920年代のアメリカン・ルーツ音楽をセレクションした五枚組トータル五時間十五分(!)の壮大な傑作アンソロジー音盤宇宙が存在する。このアルバムのもとになった同タイトルのドキュメンタリー映画こそが、今回取り上げる作品である。バーナード・マクマホンというイギリス人監督のデビュー作であり、2017年にイギリスではBBC、アメリカではPBSによって地上波放送されてから、長いあいだ日本では噂だけ囁かれるのみだったが、2022年にとうとう「ピーター・バラカン ミュージック・フィルムフェスティヴァル」で上映されて渇きを癒した好事家も少なくなかっただろう。

第一部「ビッグバン」では、カントリー・ミュージックの母たるカーター・ファミリーやスウィング・ジャズ以前のメンフィス・ジャグ・バンドが取り上げられ、第二部「血と大地」では黒人霊歌のルーツやロバート・ジョンソンに先駆ける伝説のブルースマンのチャーリー・パットンが取り上げられ、第三部「多から一へ」ではアメリカ先住民のスネークダンスやイーグルダンスを紹介したりハワイアン音楽の代名詞スチールギターの発明者を追いかけたりし、第四部ではジャック・ホワイトを中心にこれまで紹介してきたルーツ音楽を現代のミュージシャンたちによってレコーディングする様子が描かれる。全体のナレーターを務めるロバート・レッドフォードも作品に高級感を与えており、一度見たらアメリカの音楽史の壮大さに打ちのめされることは必至だろう。

とりわけ私が瞠目したのは、第二部「血と大地」におけるチャーリー・パットン神話を語るブルースマンたちの話に「ラバ」が出現することだった。タージ・マハール曰く、「チャーリーの音楽には畑のリズムがある。ラバを引いてたのさ。朝から晩まで畑を行き来して耕す。トラクターのない時代だ」。ホームシック・ジェイムズ曰く、「チャーリーは大声なのさ。声がでかい。あの頃の男は誰でも。一日中ラバに叫んでたからな。ラバを殴り倒したこともあるらしい」。ラバを一撃で殴り倒したチャーリー・パットンはブルース界の大山倍達である、ということは比較的どうでもよく、この映画の見事なところは動物犇めく田園世界にトラクターという機械文明が入って来たことでミシシッピ・デルタ・ブルースはその様相を変えたというテクノ・ブルース論にまで話が及ぶ洞察の深さだ。パットンを発掘したビクター・レコードのH・C・スピアも動物を喩えに出している。「夜にフクロウの鳴き声が聞こえると寂しくなるだろう？　夜更けに歌うブルースマンの寂しさもそれと同じさ」。こうした「鳥獣戯画ブルース」のファンタスティックな側面については、拙著『黒人音楽史』を覗いてみてほしい。

もう一点驚愕したのが、第四部のセッションでのメンフィス・ジャグ・バンド「オン・ザ・ロード・アゲイン」のカバーである。この曲は刃物で喉を掻き切られたり、レンガで頭をカチ割られた死体がごろごろ転がっていた20世紀初頭の治安最悪なメンフィスの雰囲気を濃厚にまとった曲であるとバンドのリーダーであるウィル・シェイドも語っており、この曲のカバーでボーカルを務めたＮａｓ曰く「まるで今の音楽みたいだ。荒っぽい庶民の歌だ。黒人と英語がリンクすれば必ずラップが生まれる。汚い言葉はアメリカの歴史と同じくらい古いってことだ」。黒人ヒップホップが先達の音楽を再利用する際に、優等生的なお勉強にならずに、まったく借り物ではない異様なセクシーさを保っていることからは、音楽界のみならず日本人は多く学ぶところがある。

さて、本作で取り上げられた大体の音楽は、実はハリー・スミスが編纂した『アンソロジー・オブ・アメリカン・フォーク・ミュージック』に入っている。セーラ・カーターの作っているカントリー音楽と、彼女が編んでいるクレイジー・キルトのパターンを調べ上げれば、両者に対応関係が認められる（！）など怪しげな照応理論を探求した魔導士ハリーはこの映画ではほとんど存在していないような扱いを受けている。しかし、アパラチア山脈の田吾作音楽とエリザベス朝のルネサンス魔術を繋いだこの異形の頭脳が捻りだした『アンソロジー』こそがボブ・ディランを最大にインスパイアしたことは『ハリー・スミスは語る』(カンパニー社)で明らかとなった。この映画と併せて読んでほしい。

『アメリカン・エピック』
「エピソード１　ザ・ビッグ・バン 元祖ルーツ・ミュージックの誕生」
「エピソード２ 「血と土」過酷な労働から生まれたブラック・ミュージック」
「エピソード３　多民族音楽国家アメリカ」
「エピソード４　セッションズ」
監督・制作・脚本　バーナード・マクマホン

Review

シンセ好きの夢の空間——
『ショック・ドゥ・フューチャー』

森本在臣

アナログシンセなどの機材に溢れかえる主人公の部屋。この絵面一発で、一部の層のハートは鷲掴みだろう。シンセをいじったことのある者にとって、貴重なシンセがごろごろしているこの部屋は、まさに夢の空間と言える環境なのである。

冒頭でフレンチ・ディスコの名曲であるCerroneの『Supernature』が鳴り響く中、咥えタバコで主人公（ホドロフスキーの孫）が踊るシーンは、この手の音楽に興味がなくとも、映画としてスタイリッシュで良い導入になっている。これで一気に世界へと引き込まれる、素晴らしいオープニングだ。

機材や当時の音楽というガジェットだけでなく、リアリティのある描写もまた、この映画の魅力となっている。遊びに来た友人に歌を入れてもらったら最高な曲ができるとか、いつの時代にもいる音楽好きおじさんの持って来たおすすめのレコードを何枚も聴いて「ボーカルがダサい」とか「私は評価している」などと意見を言い合い、「レコードの聖地は東京だ、あそこはヤバイ」という台詞が飛び出すあたりで、多くの観客は親近感を覚えるのではないだろうか。こういう時間が自分にもあった、という共感を強烈に引き出すシーンである。

しかし、本作はドキュメント的側面の強いドラマでは決してなく、むしろ一つのファンタジー映画として捉えられる。実際に78年のパリにはこんな恵まれた環境にいた若者は皆無であったろうし、実在する音楽や機材をふんだんに盛り込んだ上で、存在しなかった架空の78年パリの若者をあえて描こうとしている気配が感じられるのだ。そして、ありきたりなサクセス・ストーリーや青春群像劇のフォーマットへは落とし込まずに、宙吊りにされたような不安定さを内包したドラマにとどめている。雰囲気や空気感を重視し、ストーリーとしての起伏や情感を意図的に削っているかのようなドライなファンタジー感こそが、この映画の核心なのだ。

ビルドゥングスロマンではない、リアルかつファンタジーな音楽映画を求めるなら必見の作品である。

『ショック・ドゥ・フューチャー』Le choc du future（2019）
監督・音楽　マーク・コリン
出演　アルマ・ホドロフスキー、クララ・ルチャーニ

Blu-ray　5,170円（税込）
発売元　アット エンタテインメント　販売元　TC エンタテインメント

Review

フィジカル文化のゆくえ――

『アザー・ミュージック』

児玉美月

1964年にオープンした京都のミニシアター「京都みなみ会館」が、2023年9月をもって閉館した。その最後の上映に選ばれたのがこの『アザー・ミュージック』だった。『アザー・ミュージック』には、ニューヨークのイースト・ヴィレッジに位置していた伝説のレコードショップ「アザー・ミュージック」の閉店までの21年間が記録されている。しかしながら閉館した映画館の最後の上映作品に選ばれたことが象徴的であるように、この作品を映画館、はたまた音楽業界を超えて他のあらゆるフィジカルな文化の幕引きになぞらえた観客も多かったに違いない。

本作でも伝えられているように、アザー・ミュージックのすぐ向かいには、驚くべきことに大手であるタワーレコードがあった。ドキュメンタリー映画『オール・シングス・マスト・パス』(2015)では、まさにそのタワーレコードの栄枯盛衰が描かれている。1999年にタワーレコードは10億ドル以上を売り上げたが、そのわずか5年後には破産を申請。2006年にアメリカでは全店舗が閉鎖され、結果的にはアザー・ミュージックの方が長く生きながらえた。本作を見れば、なぜアザー・

ミュージックが時代の苦境を迎えながらもそこまで愛されたのかがわかるだろう。

『アザー・ミュージック』のなかでもとくに心を揺さぶられる瞬間は、閉店されてがらんどうになった店内が映される場面にあった。同色に塗られていたはずの床が、人の通った跡だけ禿げて模様のようになっている。つまりどの棚に置かれていた音楽が最も人気だったのかを、数字などではなくそうして空間が語っているのだ。場所が消えてしまうことは、ひとつの歴史が終わってしまうことであり、人と人が交差する時間が失われてしまうことでもある。デジタル化が加速的に進んだ現代においても、むしろだからこそアナログの固有性や価値が叫ばれているにもかかわらず実情は、映画館は潰れてゆく一方で、本は売れない。そうした時代のなかに刻まれる『アザー・ミュージック』は、ノスタルジーと厳しさを湛えている。

『アザー・ミュージック』OTHER MUSIC（2019）
監督　プロマ・バスー、ロブ・ハッチ＝ミラー
出演　マーティン・ゴア、ジェイソン・シュワルツマン
　　　ベニチオ・デル・トロ

Review

愛のゆくえ——

『マエストロ：その音楽と愛と』

杉田元一

ブラッドリー・クーパー監督・主演作として『アリー／スター誕生』に続くのが本作。作曲家、指揮者、また教育者、社会活動家としても大きな功績を遺したユダヤ系アメリカ人、レナード（レニー）・バーンスタインと、彼の妻フェリシア・モンテアレグレの「問題だらけの愛の物語」だ。もちろん音楽は出てくる。しかし前景にあるのはふたりの愛憎劇だ。問題はレニーの軽率とも言える男女関係である。出会ってすぐに恋に落ち、3児をもうけた夫妻が相思相愛だったのは劇中でも描かれたとおりだけれど、フェリシアはレニーと複数の男性との不倫を知り、（あたりまえだけれど）不満を募らせていく。フェリシア役キャリー・マリガンの悲劇的な演技こそがこの映画の核だ。奔放さを隠さない夫に対する彼女の葛藤と心情を目の当たりにして、観客はこの映画に引き込まれていくしかないのである。

断片的にしか使われていないとしてもここでの音楽はもちろん雄弁でもある。冒頭でレニーがフェリシアへの思慕を表すシーンでレニーがピアノで弾くのは、「家族の和解」を描いた自作のオペラ「静かな場所」。おしどり夫婦に暗雲が立ち込めてくる中盤で、シルエットのレニーを不安な表情で見つめるフェリシアのシーンでは（ヴィスコンティも使った）マーラーの交響曲第5番のアダージェット。「あなたの心は憎しみと怒りに満ちてる」と夫を罵倒したフェリシアの怒りを和らげたマーラーの「復活」の大聖堂での演奏は、例外的に最後の6分間がまるまる使われている。ちょっと気になるのはフェリシアを失くしたあとのシーンで2曲だけ使われている80年代ロック・ナンバー。ひとつは歌詞にレニーの名が登場するREMの「It's The End Of The World As We Know It (And I Feel Fine)」。もう1曲はティアーズ・フォー・フィアーズの「Shout」。歌詞の意味を知ると、この映画にこの2曲のロック・ナンバーを使った意味についていろいろ考えてしまうのだ。

『マエストロ：その音楽と愛と』
監督　ブラッドリー・クーパー
脚本　ブラッドリー・クーパー、ジョシュ・シンガー
音楽　レナード・バーンスタイン
出演　ブラッドリー・クーパー、キャリー・マリガン

Review

徹底した音へのこだわりによるライヴ映画——

「Ryuichi Sakamoto: CODA」「坂本龍一 PERFORMANCE IN NEW YORK : async」

杉田元一

音楽家が音にこだわるのは当然のことだと思うが、しかし坂本龍一のこだわりは群を抜いていた。そのこだわりが、ついに映画館そのものの音響システムの監修にまで及んでしまった。多くの優れた映画音楽を生み出してきた坂本が２０２３年春、新宿・歌舞伎町に新しくできた映画館「ＴＯＨＯシネマズプレミアム新宿」の音響を監修したというのである。ゆったり座れる豪華な座席で坂本が監修した「SAION-SR EDITION-」という音響システムによる国内随一の極上音響を聴きながら新旧の映画を楽しめるこの映画館は坂本ファンの新たな聖地となったに違いない。ちなみに館内で流れる音楽も坂本が書き下ろしたものである。

映画館のオープニングには当然のことながら『Ryuichi Sakamoto Premium Collection』と

銘打って、『シェルタリング・スカイ』をはじめとして坂本が音楽を手がけた映画がいくつも上映されたが、その中に坂本自身が出演するドキュメンタリー映画が3本含まれていた。そのうちの2本は、アルバム『async』にまつわる作品だ。

『Ryuichi Sakamoto: CODA』は、スティーヴン・ノムラ・シブル監督によるドキュメンタリー。2012年に東日本大震災後の福島原発を訪れるシーンから始まり、咽頭がんと診断されて人生のはかなさと静かな格闘を繰り広げながらアルバム制作に取り組む坂本を追った本作にはYMOのライヴ映像やソロショット、お馴染みの『ラスト・エンペラー』や『シェルタリング・スカイ』、坂本がこだわりを見せた『レヴェナント：蘇えりし者』などの映画音楽における彼の仕事を短いクリップや貴重なエピソード、また彼がのちに『async』となるアルバムを構想する際に「タルコフスキーの架空のサウンドトラック」と語っていたことにも関連して、『惑星ソラリス』のシークエンスも挿入されるが（BGMとして使われているバッハのコラールを、坂本がピアノで弾くシーンもある）、そういった作品の関係者からのコメントなどは一切なく、すべて坂本の独白のみでストーリーが進んでいく。坂本がフィールドレコーディングをしたり、シンバルをヴァイオリンの弓で弾いてみたり、ピアノの内部奏法を試したりするシーンも印象的で、これはやがてアルバム『async』に結実するのだが、『async』発売とあわせてニューヨークのパーク・アヴェニュー・アーモリーで生物学者、福岡伸一やOPNのダニエル・ロパティン、作曲家ヨハン・ヨハンソン、ビョークなどを含むわずか100人の招待客に向けて演奏する坂本を捉えたライヴ・ドキュメンタリー『坂本龍一 PERFORMANCE IN NEW YORK : async』では、そうした坂本の実験が眼前で実際に音楽へと変換されていくさまをつぶさに見て聴くことができる。こちらも『CODA』と同じくスティーヴン・ノムラ・シブルの監督作品で、飾り気や仕掛けは少ないが（観客がときどき上を向くのは、天井に高谷史郎による映像が映し出されているため）、音楽の美しさと、坂本の表情の変化（最後の笑顔が最高）が、見るものを釘付けにするだろう。

残る3本目だが、これは2022年末に配信された『Ryuichi Sakamoto: Playing the Piano 2022』をアップデートした『Ryuichi Sakamoto: Playing the Piano 2022 +』のことである。2022年9月、坂本によると「日本でいちばんいいスタジオ」という東京のNHK509スタジオに長年コンサートで愛用したヤマハのグランドピアノを持ち込んで録画されたもの。配信では13曲、劇場版では14曲が坂本のピアノ・ソロで演奏された。ニューヨークでのライヴ映像との違いは観客がいないこと、ピアノ以外の楽器が使われないこと、全編モノクロ映像であることで、それだけにここには「なによりも音楽」という意志が漲っていて深い感銘を残す。

だが本作のアップデートはこれでは終わらない。NHKスタジオで録画された全20曲の完全版が

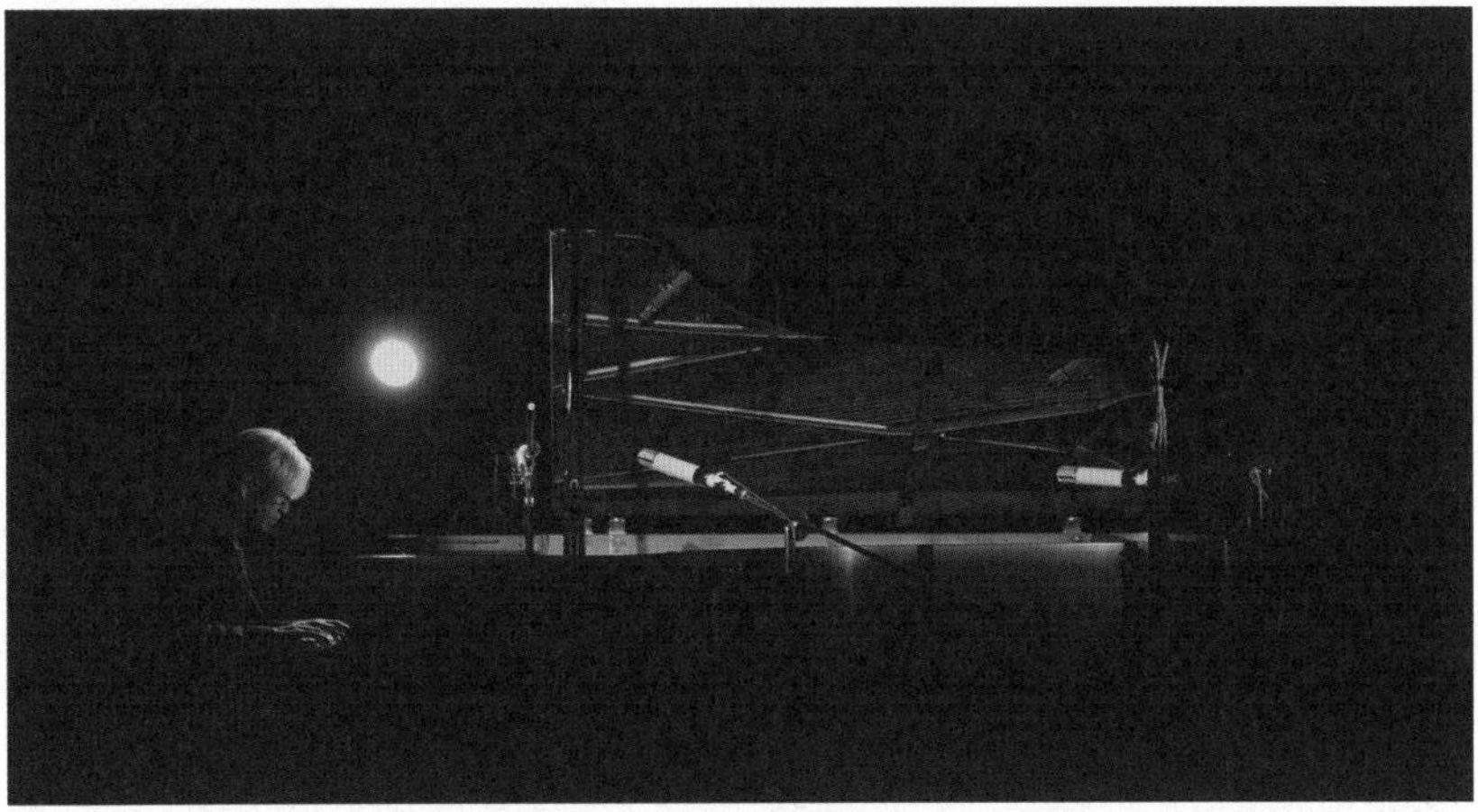

『Ryuichi Sakamoto | Opus』（2023）監督　空音央　ⓒ KAB America Inc. / KAB Inc

2024年春に『Ryuichi Sakamoto | Opus』のタイトルで上映されることが決まっている。監督は空音央。「CODA（終結部）」にさらなる続きがあり、それを「Opus（作品）」と名付けたのは慧眼と言えよう。

『Ryuichi Sakamoto: CODA』（2017）
『坂本龍一 PERFORMANCE IN NEW YORK : async』（2017）
監督　スティーヴン・ノムラ・シブル

Review

失われた音楽が甦る瞬間——
『ブリング・ミンヨー・バック!』

森本在臣

失われていく音楽「民謡」を現代に復権させるべく活動するバンド、民謡クルセイダーズのドキュメント映画である。福生を拠点に活動する彼らは、民謡にラテンなどのテイストを取り入れ、独自のアレンジで現代の世の中へ民謡を聴かせる唯一無二のバンドだ。アレンジや演奏力の高さはもちろんだが、何よりそのアイディアと心意気に惹かれる。民謡を多くの人へ聴かせたい、という純粋な思いが映画全編から滲み出ており、彼らのピースフルな人柄と相まってポジティブな感動を湧き起こしてくれるのだ。

劇中でも語られているが、民謡クルセイダーズ以前にも、東京キューバン・ボーイズなど、民謡をアレンジしたレコードはそれなりに存在していた。しかし、いつの日かその潮流も途絶え、民衆のための歌であった民謡はすっかり忘れ去られてしまったのである。しかし、このまま廃れさせるには勿体無いものであることは明白であり、今民謡クルセイダーズのようなバンドがいるという事実はひたすら心強い。

もうここ30年ほど、レアグルーヴなどといって、過去の埋もれていた音楽の良さが次々と再発見されてきたのであるから、既に民謡もその対象になっていて当然、と思うのだが、この映画を見ると民謡のレコードはリサイクル・ショップのジャンクコーナーに多く、一般的には誰も手をつけていない状況であることが語られている。確かに、これは民謡が既に失われた音楽であると言われても、仕方のない現状なのかもしれない。

しかし、ここで映し出される民謡クルセイダーズのヨーロッパツアーの様子を見ると、そんなことは杞憂に過ぎなかったように思わせられる。海外の人々が、初めて耳にする日本の民謡でノリノリになっているのだ。民謡は充分世界に、そして現代の世の中へ通用するコンテンツなのである。それを証明してみせた民謡クルセイダーズというバンドの勇姿が、たっぷりと堪能できる爽快なドキュメンタリーである本作は、近年の音楽映画の中でも注目に値する一本だ。

『ブリング・ミンヨー・バック！』（2022）
プロデューサー・ディレクター・撮影・編集　森脇由二
出演　民謡クルセイダーズ、Frente Cumbiero、ピーター・バラカン、久保田麻琴、岸野雄一
配給：ALFAZBET

スペース・イズ・ザ・プレイス――
渋サ（ワ）知らズと土星人サン・ラーが出逢う「場」
『NEVER MIND DA 渋さ知らズ番外地篇』

後藤護

のっけから言葉遊びみたいになって恐縮だが、澁澤龍彦がこの渋さ知らズのドキュメンタリー映画を見たら失神して死ぬだろう(もう死んでるけど)。というのも「音楽という名の……カオスを！」という京都大学西部講堂のライブMCでこの映画のタイトルがズバーンと出てくるからであり、澁澤はカオスを嫌って書斎の閉鎖的ミクロコスモスに閉じこもった。そういうわけで「直線の人シブタツ」（巖谷國士＋三浦雅士）は、内臓のようにグロテスクな蛇行「曲線」を描く渋さを前にしてショック死するのである。渋さは地下演劇、フリージャズ、パンク、Pファンク、歌謡曲、見世物小屋、チンドン屋など様々な要素がキメラ的に結合したマッシュアップ・モンスター・バンドであり、ときに闇鍋の様相を呈するがごとき盛大な「事故」の連鎖である。私の嫌いなスラヴォイ・

ジジェクが唯一良いことを言っている。曰く、「真実は常に事故のかたちでしか訪れない」。

大友良英を筆頭に渋さと交差した様々なミュージシャンやアーティストが証言をしているが、やはりというか、リーダー不破大輔の「渋さ知らズは〝場〟だ」という発言に最大のウィズダムを感じた。これは『スペース・イズ・ザ・プレイス』で無限に開かれた「スペース」の概念を重要視したアーケストラのリーダー、土星人サン・ラーの思想に通じるものがある（渋さにはマーシャル・アレン含むアーケストラの三名が参加した『渋星』という名盤もあるから、あながち無理なアナロジーでもない）。アレだめコレだめの権力的なクソ親爺ではなく、「なんでも来んしゃい」という玉突き事故大歓迎のアナーキーで即興的な寛容こそが四通八達する文化的ポータルすなわちアンディ・ウォーホル的な「場」となりうる者の条件である。DOMMUNE代表の宇川直宏にも当て嵌まることだが、不破大輔はじつはフロイト的な「父」ではなく、ユング的な「母」ではなかったか？

『NEVER MIND DA 渋さ知らズ 番外地篇』（2022）
監督　佐藤訪米
出演　不破大輔

Review

『THE FOOLS 愚か者たちの歌』

生きよ堕ちよ——

森直人

カメラを向けている約10年の間、メンバーたちがどんどん死んでいく。1980年結成、84年に名盤の誉れ高い『WEED WAR』を発表して以来、日本のアンダーグラウンド・ロックシーンでは知らぬ者のいないTHE FOOLS。これは彼らの赤裸々な姿に迫ったドキュメンタリーだ。監督の高橋慎一は10代の頃からライヴに通い詰めていたガチファン。2012年からバンドへの密着を開始した現在進行形の記録と並行して、作品構成はバイオグラフィー的に1978年の結成前夜からの歴史にも遡る。

映画は2013年1月、ヴォーカリストの伊藤耕が横浜刑務所から出所するところから始まる。覚せい剤使用の罪状で既に7回の服役を済ませた彼を、ギタリストの川田良やベーシストの福島誠二らが出迎える。伊藤&川田といった破天荒なカリスマの武勇伝が注目されがちでもあるTHE FOOLSだが、ドラマーのマーチンこと高安正文の「悪いうわさで人が寄ってくるなんてのは反対です」など、真摯な音楽探究に重きを置くミュージシャンシップの声も印象に強く残る。

例えばニューヨーク・ドールズのアーサー・ケインの数奇な人生を追った『ニューヨーク・ドール』(05/監督:グレッグ・ホワイトリー)など、Don't trust over 30的な〝若さ〟から遠く離れたロックバンドのドキュメンタリーは、老いや病や死という容赦ない現実にまつわる壮絶な人間模様を伝えてきた。本作はその極点かもしれない。甲本ヒロトいわく、「本物……いや、〝本当〟な感じがした」。今の世ではまったく流行らない「生きよ堕ちよ」(坂口安吾『堕落論』)、その先に黒光りするロマンティックな真実をこの映画では確かに見ることができる。

2014年の頭に川田が逝去してから、バンド参加者の死が相次ぐが、それでもTHE FOOLSはまだ現役バンドだ。伊藤いわく、「船で喩えたら、一度でも乗った奴はTHE FOOLSのメンバーなんだよ」。彼らは海賊船のように進み続け、乗員がすっかり変わってもまだ大海に浮かんでいる。伊藤の獄中死をめぐる裁判の記者会見映像を追加した「完全版」も公開された。

『THE FOOLS　愚か者たちの歌』(2022)
監督・撮影　高橋慎一
編集　遠山慎二
出演　THE FOOLS

Review

コロナ禍におけるバンドと生活――

『ドキュメント　サニーデイ・サービス』

安田理央

1992年に結成され、その2年後にメジャーデビューを果たしたサニーデイ・サービスの2020年春から2021年秋までの活動にAV監督にしてドキュメントの名手であるカンパニー松尾が密着。

2018年にドラマーの丸山晴茂が亡くなっており、新ドラマー大工原幹雄が加入しての新生サニーデイ・サービスの初ツアーを追うドキュメントとして撮影はスタートしたのだが、世界はコロナ禍に襲われる。ツアーは中止となり、バンドは活動休止を余儀なくされる。

未曾有の状況に翻弄されながらも、なんとか活動を模索しようとするサニーデイ・サービス。

これは結成30年を超えるバンドの物語でもあると同時に、コロナ禍における生活をとらえた記録でもある。あの時期に、人々はどう暮らし、どう表現活動を続けたのか。

カンパニー松尾監督作品としては、コロナ禍において、あくまでも「濃厚接触」を避けたナンパ撮影を競うという異色のドキュメント『劇場版 おうちでキャノンボール2020』（2020年公開）と対になるものだと言ってもいいかもしれない。どんな状況下においても、人は音楽を必要とするし、性欲も抑えてはおけないということだ。

もちろん、貴重な映像や証言などもふんだんに登場するバンド・ヒストリー映画としての見応えも十分だ。特に丸山が死去した後に、メンバー二人だけでドラムレスで演奏する渋谷クラブクアトロでのライヴ映像は、とめどもない切なさに心臓を掴まれる。

映画の終盤では香川県で行われた野外音楽イベント「島フェス」でのライヴシーンがフィーチャーされるが、ここでの演奏が素晴らしい。ここまで決して平坦ではなかった長いバンドの歴史が、まだまだ続いていくのだなということを実感させてくれる。

バンドの映画は、演奏している姿を見る快楽をどれだけ与えてくれるかが、最も重要なのではないかと個人的には考えている。その点、本作はライヴシーンの生々しさが秀逸で、そうした快楽を十二分に感じさせてくれる。これはサニーデイ・サービスとカンパニー松尾という組み合わせだからこそ生まれた唯一無二の化学反応だ。

『ドキュメント　サニーデイ・サービス』(2023)
監督　カンパニー松尾
ナレーション　小泉今日子
出演　サニーデイ・サービス

Review

天才の神話を解いて語り継ぐ――

『阿部薫がいた - documentary of kaoru abe -』

細田成嗣

1978年に29歳の若さでこの世を去ったサックス奏者・阿部薫。40年以上経過した現在もなお彼の音楽が人々を魅了するのはなぜなのだろうか――その謎に迫ったのがイギー・コーエン監督のドキュメンタリー映画『阿部薫がいた - documentary of kaoru abe -』(2020)である。

阿部薫はとかくその天才性が強調されてきた。それがために神話化されてきたきらいもあった。妻・鈴木いづみとの型破りな恋愛――というより今あらためて観返すと眉を顰めるような暴力に塗れているとしか言いようがないのかもしれないが――を描いた若松孝二監督の映画『エンドレス・ワルツ』(1995)における人物像が典型的だろう。そこで阿部薫は音を追い求める禁欲的で天才的な芸術家として、プライベートではどうしようもなく欲望のままに生きるコントロール不能な存在として描かれる。原作となった稲葉真弓の小説からして多分に脚色された物語だと言われているように、事実とは大きく異なる点も多々あるのかもしれない。ただ、阿部薫が唯一無二の音楽を生み出したことは確かであり、ある種のピュアネスを持ち合わせていたことも否定できないように思う。実際、同じく若松孝二が監督を務めたピンク映画で、阿部薫が音楽を担当したほか一部出演する『十三人連続暴行魔』（1978）では、劇伴でサックスに加えてギターとハーモニカも演奏しているのだが、強姦シーンでは決してサックスの音は鳴らない。それがどこまで本人の意向に拠るものだったのかわからないものの、阿部薫が自らが吹くサックスの響きをどのように捉えていたのかを想起するには十分だろう。たとえば「俺はアルトになりたい」と彼が語るようなピュアネスをここで連想することができる。しかしその音は一体なんなのか――。

『阿部薫がいた』は、2015年に新宿ピットインで開催された阿部薫トリビュート・ライヴで大谷能生、大友良英、纐纈雅代、竹田賢一、吉田隆一ら5人のミュージシャンがトークと演奏を行う様子と、監督が阿部の実家を訪ねて実母・坂本喜久代にインタビューする様子が入れ子状に構成されている。軸になっているのは監督が序盤で投げかける「この音は一体なんなのか」という問いだろう。しかし興味深いのはやはり、母が語る子としての阿部薫のエピソードだ。そして子について語る母の優しさ

吉田隆一
Ryuichi Yoshida

に満ちた表情。そこで浮かび上がるのは型破りな孤高の天才というより、実に人間味のある一人の青年の姿なのである。他方でトリビュート・ライヴでは音楽家／演奏家としての側面に具体的にフォーカスされる。吉田隆一がクラシックのサックス奏者マルセル・ミュールを引き合いに出しながら阿部薫のある種の超絶技巧性を解説する一方、実際にライヴを観た経験のある大友良英がハプニングのようなパフォーマンスを振り返りつつパンク性にも言及する。その両極端の魅力を持つあたりが阿部薫の音楽の凄みでもある。映画は終盤、モノクロからカラーに変わると阿部薫の音源が流れ出し、ここで初めて本人の写真もいくつか映る。阿部薫のドキュメンタリーでありながら本人ではなく周囲の人々のナラティヴを中心に据えるという意味では、阿部と交流を持った音楽批評家・間章を題材とした青山真治監督による7時間半にわたるドキュメンタリー映画『AA』（2006）と近しい構成とも言える。そして最後に画面が激しく切り替わりながら「消えない音」「判断の停止をもたらす音」「永遠の禁断症状の音」「私有できない音」等々のテキストが現れ、監督の子供が玩具のサックスを吹く様子が唐突に映される——賛否両論を生むと思うが、ここにイギー・コーエン監督なりの結論があるのだろう。

実のところ、阿部薫については天才性を称揚する神話化よりも、今となっては「神話化を解く」ということの方が強調され続けているように思う。しかしどれほど神話化を解いたところで彼の音楽を純粋なる音だけに還元することはできず、それどころか人工知能が音楽を生成する時代にあっては、ある音がどのような文脈でどのような人物のもとに鳴らされているのかが以前に増して重要な意味を持ってくる。その意味でこれからは神話化が解かれた後の阿部薫をいかにして語り継ぐかということを考えていかなければならないはずだ。『阿部薫がいた』で映し出される五者五様のトーク&ライヴと母の視点、そして映画そのものを通じて監督が導き出した結論は、そのような語り継ぎの提案として受け取ることもできる。

『阿部薫がいた – documentary of kaoru abe -』(2018)
監督　イギー コーエン
整音　スタジオカリーブ
出演　坂本喜久代　大谷能生　大友良英　纐纈雅代　竹田賢一　吉田隆一

Review

坂道系映画2選——

『悲しみの忘れ方 documentary of 乃木坂46』『僕たちの嘘と真実 Documentary of 欅坂46』

三田格

昨年、YOASOBIや米津玄師がビルボードのチャートを跳ね上がり、欧米のリスナーが「日本の文脈を理解すること」もコミで楽しむようになってきたと解釈されていいる。ボアダムズやフィッシュマンズのように海外の文脈を習得しなければ海外では通用しないと考えた村上隆のフォーミュラはいわば否定されたかたちである（最初に海外の文脈を無視したのはももクロだった気がする）。

確かに海外の人には伝わらないとされてきた古内東子や中森明菜がバックカタログまで聴かれている現状はインド歌謡の聴かれ方やヤスミン・ハマダンの人気とダブって見えるし、K-ポップにはないエキゾチシズムがJ-ポップに求められていることは想像に難くない。年明けにはブルーノ・マーズが〝ヘビーローテーション〟を演奏して東京ドームを沸かせ、あれだけアメリカのTVでパロディにされ、バカにされてきたAKB48がそれはそれで音楽面では認知されていたことも窺わせた。

一方で、投資型国家と化した日本が欧米の製薬会社などを買収しまくっているのに対してアメリカ資本は近年、日本の芸能プロダクションを次々と買い漁っていて、経営方針がグローバル基準にそぐわないジャニーズなり吉本興業なりが次々と倫理的な体質改善を余儀なくされていることも裏表の現象だと考えられる。となると、気になるのはジェンダーをアジェンダとしていない（どころか、むしろ後退させている）坂道系やアイドル産業の多くも今後は体質改善のターゲットに入ってくるのではないかということだろう。

丸山健志監督『悲しみの忘れ方 documentary of 乃木坂46』（2015）を観ていると、乃木坂46のコンサートには「お見立て会」なるパートがあり、新期生がステージに並べられて観客に値踏みされる様子はなかなかにグロテスクでそれこそ遊女がデビューする儀式とどこが違うのかと思ってしまうし、彼女たちが日本の社会に期待されていることはこの場面に集約されているといえる。以下、アイドル・システムについて考え出すといくらでも批判できるし、すべきなのかもしれないけれど、このようなシステムを逆手にとって稼ぐだけ稼いでさっさと辞めてしまうケースなど、搾取される側の知恵も高まってはいると思うので、アイドル産業の社会的な側面についてはこれ以上考えないこととし、坂道系を扱った映画の別な側面に意識を向けてみたい。

前述した『悲しみの忘れ方』でインパクトがあったのは主要メンバーのほとんどが学校生活にな

じめず、デフォルトのように挫折を経験していてサクセス・ストーリーとは無縁だったこと。初代センターの生駒里奈は小学校で早い時期からいじめられ、人が嫌いになり(卒業時に「人間を好きになれた」と発言)、御三家と呼ばれた松村沙友理、白石麻衣、橋本奈々未もクラスで孤立していたか不登校、もしくは家の電気が止められるほど貧乏で弁当目当てにオーディションを受けていたり。それぞれのエピソードは母親のナレーションと交互に語られることで母親と子どもの距離感が実に多様であることが伝わり、西野七瀬の母親が子離れできないと吐露する部分にはかなり異様なものがあった(ある意味、母親たちの映画でもあった)。

映画『エクソシスト』は悪魔という題材とは別にシングル・マザーや母親の精神病など70年代のアメリカが社会的な機能不全に陥っていたことを事細かに背景化していたことで作品に強度を与えていたように、『悲しみの忘れ方』もいじめや貧困など10年代の日本にまとわりついていた落とし穴が細部に写り込んでいて、アイドル映画とは思えない重苦しさにリアリティが与えられている。楽しそうな場面はすべて悲しいナレーションで覆い尽くされ、それこそ『イン・ベッド・ウイズ・マドンナ』(1991)で試みられた裏側(と思われる部分)をさらけ出す演出スタイルが踏襲されている。いじめや貧困を背景にしているだけでなく、舞台裏の駆け引きやドロドロをここまでぶちまけられてしまうとロックやヒップホップには物語を可能にする余地がなくなってしまうというか、実際、この時期は電気グルーヴや細野晴臣の映画には大した屈折が描かれていなかったこともあり、そっちの方がアイドル映画に近い印象を覚えてしまったことは否めない。

コンセプト的にはいくらでも替えの効くメンバーで構成されているはずの坂道系が、平手友梨奈というカリスマを生んでしまったことで、たった5年で崩壊してしまうまでを追った高橋栄樹監督『僕たちの嘘と真実 Documentary of 欅坂46』(2020)もさらに見応えがあった。1人の才能が全体を混乱させ、それが自分に跳ね返ってくるまでの過程が緻密にフォローされ、盤石に見えたアイドル・システムがそれだけのことで崩壊してしまうのかという驚きもある。坂道系というのはあくまでも誰かに「選ばれ続ける」ことが生命線なので、権力には従うしかないという図式があったはずなのに、それでもプロデュースに失敗する例があったという貴重な記録というか。むしろ選択のプロセスが透明化されていたAKB48の方が民主的だったのかなという思いさえ芽生えて。

ちなみに僕は乃木坂も欅坂も1曲も知りません。『メタリカ:真実の瞬間』(2005)と同じくで単純に映画として面白くつくられていると思っただけ。

『悲しみの忘れ方 DOCUMENTARY of 乃木坂46 2015』
監督 丸山健志
出演 乃木坂46

『僕たちの嘘と真実 Documentary of 欅坂46』(2020)
監督 高橋栄樹
出演 欅坂46

Review

『バカ共相手のボランティアさ』
勢いにひたすら身を任せる――

森本在臣

どんなジャンルであっても、確かにそこに存在した文化というものを記録し、広めるということは重要である。書籍や映画はもちろん、今ならウェブ上に誰でもやる気さえあれば簡単にアップできるのだから、そういった動きは活発化して然るべきであろう。だからこそ、本作のような映画が登場することはとても喜ばしい。観たかったものが観られる、という状況はこの上なく幸福なことなのだ。

スワンキーズは福岡のパンクバンドであり、世界中にファンも多い伝説的な存在である。しかしながら、これまで本人たちの証言で当時の事柄が公に語られることはほとんどなく、人気に比例して詳細を知りたいというファンも年々増えていった。

そして令和の現在、ついに待望のこの映画の公開である。印象としては、丁寧な作りのドキュメンタリー、といった感じなのだが、扱う題材がスワンキーズの結成から解散、そして現在という、バンド史が一望できる内容なのだから、当然パンチが効いている。

日本のパンク史の隠れていた一側面が、また一つ明かされるのだという高揚感を序盤から抱かせられたが、映画が進むにつれ、スワンキーズというバンドそのものが持つパワーにひたすら全てを持って行かれた。現在観て、聴いてもやはり凄いし、新鮮である。

ＧＡＩ時代の、エクスプロイテッドやディスチャージ、ディスオーダーらＵＫハードコアからの影響を受けたノイジーなハードコアから、ピストルズ直系のストレートなパンクへの変遷、そして当時の博多パンクシーンの状況などが、メンバーたちや関係者、著名人の証言から浮かび上がってくる。もちろんその合間に、当時のライブ映像や音源が流れ、スワンキーズというバンドの魅力が溢れんばかりに伝わってくるのだ。

このドキュメントはそんなスワンキーズという卓越したバンドの、パンクとしか言い表せない勢いにひたすら身を任せるべき映画だと思う。誰しもが持っている純粋な衝動を、否応無しにかき立てられること請け合いである。

『バカ共相手のボランティアさ』(2023)
監督　瀬下黄太
准監督・撮影　福田哲志
出演　THE SWANKY'S、綾小路翔、小峠英二

大石規湖監督インタヴュー

「そこで鳴っている音にいかに敏感に反応できるか」

大石規湖監督は、現在活動する映像作家の中で、ライヴ・パフォーマンスをもっとも「映画的」に切り取り、作品化するのに長けた一人だと思う。あらゆるライヴ会場へ手持ちカメラを持ち込み、その場の観客の目線と一心同体となるように活写されるその映像は、文字通りの意味で「ライヴ」＝生（なま）の、生きものとしての感触に貫かれている。一方で、その映像は、当然ながら「ただカメラを持ち込んで回してみた」というむき出しの直接性とは明らかに異なっている。アーティストのライヴ・パフォーマンスが、どのようなダイナミズムをもち、どのような輝きと陰影を発しているのかを、目と耳と身体、そして知性を通じて把握し、瞬時にそれを写し取る。ドキュメンタリー作家としての鋭敏さと、音楽への深い敬愛が、彼女のカメラを通じて、パフォーマーたちの存在を逆照射していく。私達観客は、ただスクリーンに映されたライヴ・パフォーマンスを再体験するのではなく、大石規湖という作家的身体を通じて、それを映画として受け止めることになる。

これまで大石は、3本の長編ドキュメンタリーを撮ってきた。初作となったのは、２０１７年公開の『MOTHER FUCKER』だ。思い切ったタイトルを持つこの映画は、日本のパンクシーンにおいて特異な活動を繰り広げてきたインディーズレーベル〈Less Than TV〉を題材に、代表である谷ぐち順とその家族の生活に密着した作品だ。レーベル周辺のバンドの鮮烈なライヴを数多く記録しながら、類例のない深度で被写体の「生」へと入り込み、類稀な物語を浮かび上がらせてみせた。

二作目は、40年以上のキャリアを持つ日本を代表するパンクバンドthe原爆オナニーズに迫るドキュメンタリー、『JUST ANOTHER』である。60歳を過ぎてなお激しいパンクロックを演奏し、地元愛知を拠点に長く活動を続けてきた彼らを衝き動かしているものとは一体なんなのか。大石は、前作とは異なり「外部」からやってきた者としての視点をもとに、彼らのライヴとオフステージを追いながら、その問いの答えを探していく。

現時点での最新作となる三作目が、ハードコア／オルタナサウンドを独自の地平で表現するバンドfOULを題材とする映画『fOUL』だ。大石は、２００５年をもってすでに解散していた彼らの過去のパフォーマンス映像を軸に、巧みに、かつあまりにも「ライヴ」な形で映画を作り上げた。前二作で培った、被写体の思考へと言語を通じてアプローチする方法を大幅に抑制し、代わりに、ライヴという空間のあり方、そして音楽の響きそのものを強力に引き寄せてみせた。それはまさしく、音楽と映像をいかにして出会わせ、炸裂させ、一つのライヴドキュメンタリーとして作品化するかという根源的な問いへと立ち返るものであると同時に、音楽映画の可能性を一歩先に進める果敢な試みでもあった。

大石監督は、これまでどんな経歴を重ね、どんな想いのもとにカメラを手にし、映画を撮り続けてきたのだろうか。監督本人に話を訊いた。

取材・文　柴崎祐二

――子供の頃から音楽や映像作品が好きだったんですか？

大石　小学校の頃から、将来は音楽に関連する仕事に就きたい！と思っていて。自分自身がプレイヤーになるとかは全然考えなかったんですけど、ライヴの裏方の仕事とか、そっちに興味がありました。静岡の田舎なので、音楽の仕事っていっても実際どんなのがあるかは全然分かっていなかったんですけどね。子供の頃からいろんなアーティストのMVを観るのは好きでしたね。家にそういうのを見られる環境がなかったので、近くのユニクロの店舗のモニターに流れるMVをわざわざ観に行ったり（笑）。

――相当熱心ですね。

大石　今思うとそうですね。あと、NHKとかで昔のロックの映像が放送されたりするじゃないですか。ワイト島のフェスとか、ジミ・ヘンドリックスのライヴ映像とか。ああいうのを見てライヴ映像に興味を持ちました。あとは、グラミー賞のMV賞の授賞式を見て、「こういう映像表現があるんだ」とか思ったりするうちに、映像への興味が徐々に膨らんでいきました。もちろん音楽そのものもずっと好きで、学生時代はパンク系のコピーバンドをやったりしてました。

――最初に就いた仕事は？

大石　就職活動は全然マジメにやらなかったんですけど、なんとなくやるなら映像系かなあと思って、ある派遣会社に入りました。面接では音楽系の映像をやってみたいと言っていたんですけど、実際に派遣されたのは、フジテレビの報道番組でした。毎日新聞の紙面をチェックして、ディレクターさんのためにそれを整理して……みたいな仕事をしていました。

――それはまた随分今と畑違いですね。

大石　そう。けど、音楽と政治や社会問題って、昔からずっと密接なものじゃないですか。それこそ、学生の頃に聴いていた60年代のロックしかり。『ウッドストック』を観て、なんでこんなに多くの人が集まって熱狂しているんだろうと思って、子供ながらベトナム反戦運動のこととかを知るということもありました。あと、ニーナ・シモンの「フィーリン・グッド」っていう曲が昔からすごく好きなんですけど、黒人たちの気持ちが歌に託されていると知って感動したり。ヒップホップも好きだったので、ノトーリアス・B・I・Gの人生を通じてその背景にある社会問題に興味を持ったり……元々からそういう感じだったので、報道番組の仕事も何かとやりがいがあったし、ためになったと思います。けど、やっぱりどうしても音楽の番組をやってみたいという気持ちも捨てきれなくて、2年くらい働いたあと、派遣先のツテをたどってスペースシャワーTVに転職したんです。

――自分でカメラを持って撮影するようになるのはその頃からですか？

大石　はい。最初はADとして入社したんですけど、その当時は結構ゆるかったっていうか、「人手が足りないから撮影手伝って～」みたいなのも割とあって。もう時効だと思うんですけど、社内の空いているカメラを先輩の許可をもらって休みの日に持ち出して好きなバンドのライヴを撮ったりもしてました（笑）。そうこうするうちに自分でもカメラを買ったほうがいいなと思って手に入れたんですけど、そこからはもう1000本ノックみたいな感じで、修行のようにライヴを撮りまくってましたね。編集もそのときに勉強して。私の方でどこかにアップしたり発表するわけじゃなくて、バンドの人たちに「こういうの撮ったので自由に使ってください！」って素材を渡してました。そうすると、自然にバンド界隈の友達も増えていって。

その頃にたまたまライヴハウスで知り合ったのが、ブラッドサースティ・ブッチャーズの吉村秀樹さんでした。そしたら吉村さんが「今度知り合いが俺達の映画作るから手伝ってよ」と声をかけてくれたんです。それが、川口潤監督の『kocorono』（2011）でした。その経験はすごく大きかったですね。川口さんは、常にその姿勢と作品に刺激を受けている尊敬する先輩監督です。

――大石さんの撮るライヴ映像って、すごく躍動感がある一方で没入感もあって、圧倒的に「生（なま）」の感覚があるように感じます。日々ライヴを撮る中で自分のスタイルを模索していったんでしょうか？

大石　そうですね。けど、「こういうスタイルでやろう」みたいなことを自分の中で強く持っているというよりも、とにかくそこで鳴っている音にいかに敏感に反応できるかというのを考えるようになっていきました。ライヴってワンマンだと基本2時間くらいあるし、各パートでどういう音が鳴っているか逐一反応しながらバンドのアンサンブルを把握していかないと、撮るものがブレちゃうんですよね。

――『JUST ANOTHER』の「今池まつり」のライヴシーンも、相当意識してライヴに接していないと撮れないカメラワークだなと思いました。

大石　あれは、ラストのサビのところでステージにグッって迫りたいなと思っていたので、「ここで客席からステージ脇に移動して……」という風に、曲にあわせてあらかじめ動線を考えて臨みました。一方で、ライヴの現場では自分が初めて聴く曲も全然ありますし、その場その場で反応しながらやっている場合もよくありますね。

——基本一人で手持ちカメラを使って撮影しているのはなぜですか？

大石　第一に予算がないから（笑）。あとは、複数カメラ置いてやってみようと思っても、結局被写体であるアーティストのライヴが基本ワンカメの臨場感にぴったり来る場合が多いので、それも理由の一つです。

音楽と家族の生活が同居する

——では順番に、第一作の『MOTHER FUCKER』について伺わせてください。どういったきっかけで企画が立ち上がったんでしょうか？

大石　昔から〈Less ThanTV〉が大好きで、スペシャを退職してフリーで活動を開始して以降もMETEO NIGHTとかのイベントで撮らせてもらってたんですけど、その頃から谷ぐちさんやパートナーのYUKARIさん、それと息子の共鳴くんの3人家族の姿にすごく興味があったんです。YUKARIさんが共鳴くんをおんぶしながらLimited Express (has gone?) のリハをやっている姿とか、それに対して谷ぐちさんが「もうちょっとローの音上げたほうがいいんじゃない？」とか音楽についてのやりとりをしている感じがすごく面白くて。ライヴハウスの中に家族の生活と音楽が同居しているんですよね。しかもそれが画になる。ある日谷ぐちさんの家族の映画を撮りたいなと知り合いに話したら、人づてでそれが本人の耳に入ったらしくて、突然電話が来たんです。そしたら、「映画、やろうよ」っていうのと、「タイトルだけ思いついたんだよね」って言われて。

——それが『MOTHER FUCKER』っていうタイトルだったと。

大石　はい。一瞬戸惑ったんですけど（笑）、谷ぐちさんが乗ってくれているのなら是非やりたいし、せっかく撮るのなら小さな規模じゃなくてちゃんと人に届けたいと思って、川口さんに頼んでキングレコードのプロデューサーの長谷川英行さんを紹介してもらったんです。運良く企画も通って、そこからは1年半くらいひたすらレスザン周辺のアーティストのライヴを撮りまくりました。

——2010年代半ばのシーンの記録としてもすごく貴重ですよね。

大石　そうですよね。ライヴ映像自体が貴重な人達もたくさんいるし、ECDさんのライヴも入っていたり。

——共鳴くんのデビューライヴに向けて物語が動いていく

感じも、ドキュメンタリー作品としての大きな柱になっていますよね。

大石　あのデビューライヴをゴールに設定することで、撮りためていた素材が映画としてまとまっていった感覚がありましたね。

――普段の谷ぐち家の描写も、「ありのまま」な感じでスゴいですね。こんな無防備なシーンをよく撮れたなあ、というのも沢山あって。

大石　もはや私も家族の一員になっているんじゃないかっていうくらいずーっと一緒にいましたからね。

――ある意味で、従来の「パンク観」を打ち砕くリアルな生活感覚を捉えているなと思いました。それがまた映画のカタルシスにもなっているという。

大石　パンクって、よく知らない人からすると、革ジャンを着てる怖い

人達で……みたいなステレオタイプがあるじゃないですか。でも、そういう外側からのイメージとは違って、身近な人達を大事にしたりとか、相互に助け合ったりとか、その一方でみんなが自由にやれる環境を作ったりとか……自分たちでできることを自分たちなりにやるっていうDIYの精神こそが核にあるものだと思うんです。実際に谷ぐちさんは障がいのある方の自立支援の仕事を長いことやっていますしね。社会と実生活、それと音楽が密接なものとしてある。そういうパンクの根の部分にあるスタイルや思想が、一緒に生活をしながら撮影することで自分の中でもより深く分かるようになっていったんです。だからこそ、そういうような一見すると「パンクっぽくない」シーンも自然と増えていったんだと思います。

外からやってきた視点

――次の作品『JUST ANOTHER』はどんな風に企画がスタートしたんですか?

大石　自分の中では『MOTHER FUCKER』と地続きな感じで、自然と撮りたいテーマが出てきました。『MOTHER FUCKER』の撮影でいろんな地方のライヴハウスに行ったんですけど、東京にいて想像してる以上に各地に独自のシーンが根付いていて、しかもそれがとても奥深いものだと気付いたんです。一念発起して東京に出ていって活動するっていうのは、往々にして商業的な面での要請にさらされるということでもあると思うんですけど、各地方に根ざしたシーンには、そういうところとは距離をとって独自のスタイルを貫かれている人が沢山いるんですよね。そういう人たちの姿を撮りたいなと思いはじめて、誰が代表的な存在だろうと考えたとき、真っ先にthe原爆オナニーズの名前が頭に浮かんだんです。

――TAYLOWさんはじめ、メンバーとは元々知り合いだったんですか?

大石　実は全然そんなことないんです。それより結構前に一度だけカメラの一人として仕事でライヴを撮らせてもらったことはあったんですけど、直接の面識はなくて。この作品のプロデューサーであるスペースシャワーTVの近藤順也さんの紹介でライヴを撮らせてもらって、そこから少しずつメンバーのみなさんとやりとりさせてもらって、数ヶ月経ったところで「映画を撮りたいんです」と本格的に相談を持ちかけました。

――the原爆オナニーズのことは昔から好きだったんですか?

大石　もちろん存在は知っていてかっこいいなと思っていたんだけど、失礼ながらめちゃめちゃ聴き込んでいたというわけではなくて。でも、改めてじっくりライヴを見させてもらって、すごいかっこいい……!って。完全にぶっ飛ばされてしまいましたね。

――新幹線で名古屋駅に着く画をファーストカットにしているのがすごく効果的だなと思いました。あの「チャンチャンチャラランーン」っていう到着のメロディーもちゃんと入っていて。

大石　そうそう。これから始まる映画はあくまで外からやってきた私大石の視点から見たものですよ、というのを冒頭で伝えておきたかったんです。

――メンバーへのインタビューも随時挿入されますけど、

総計ではどれくらいの尺を撮ったんですか？

大石　どれくらいだろう……使われている素材の少なくとも何倍かは撮りました。最初のうちはどこか他人行儀になってしまうし、やっぱり段階を踏んでいった上でないと印象的な発言がなかなか出てこないということはありました。逆に、お互いに慣れてしまう前だからこそ訊ける話というのもありました。

――ＳＨＩＮＯＢＵさんがきしめんを食べながら話しているところとか、相当な信頼感がないと撮れないシーンだと思いました。

大石　本当に、一口にドキュメンタリーというけど、その背景にある時間の膨大さや関係性があってこそだなと再認識しましたね。

――味仙のテーブルにカメラを置いて打ち上げの様子を撮っているところも、いい瞬間を逃すまいとする執念を感じます。後で見返して使えるところを探すだけでも骨が折れそうです。

大石　全部見返してスクリプトを起こしてます。「このとき自分が何を考えたか」っていうメモを添えたり。今の時代、自動文字起こしとかもありますけど、結局自分で全ての映像を見ないとダメなんですよね。発言のニュアンスはもちろん、当たり前ですけどそこに何が写っているかが重要なので。

――メンバー当人同士でしかわからない関係性とか信頼関係とか、とてもデリケートな部分が徐々に浮かび上がってくるような構成になっていますね。その上で、あの激烈な「今池まつり」のライヴで閉めるっていう。ここにもやはり「物語」があるなと感じました。

大石　そういう全体のストーリーの構成みたいなものって、あらかじめ頭の中にあるんじゃなくて、あくまで撮りながら紆余曲折を経て浮かび上がってくるものなんですよね。本当、都度必死に撮っていくだけで……（笑）。

一緒にいる時間が長くなると、この人は今日はこういう感情でライヴをやって明日に向けてこう考えているんだなとか、心の動きが少しずつ分かってくるんですよね。撮影という作業に臨むということ自体が、そこで感じたことをなるべくそのまま投影できるように自分の状態を保っていくことでもあるんです。そういう意味で、自分は比較的脚色の度合いが低いドキュメンタリー作家なんだろうなと思いますね。もちろん、自分が撮っている時点で、なにがしかのフィルターが入り込んでいるっていうのも分かっているんですが。

――逆説的な言い方ですが、それこそが大石さんならではの作家性ということなのかもしれませんね。

©2020 SPACE SHOWER FILMS

Interview with Noriko Oishi

大石　かもしれないですね。なるべく自分の視点で感じたままのことを映像に投影していくっていうスタイルを取り続けていくと、必然的に、被写体と一緒に感動したり落ち込んだりすることも多くて、かなりエネルギーを使うんです。けど、パンクっていう音楽自体がすごくエモーショナルなものだと思うし、その素晴らしさを伝えるためにはそこに自分も寄り添っていきたいという気持ちがあって。

――伝記的な事実をただ切り取るんじゃなくて、被写体の精神や音楽の発するエモーションに同期していくというイメージなんでしょうか？

大石　そうですね。一方で、後の編集のことを考えたり、冷静な視点も常に頭の中のどこかにあるんですよね。特にライヴを撮るときはそう。

――そうなんですか。ライヴ中はより感情が揺さぶられてしまいそうですけど。

大石　さっきも言いましたけど、ワンカメでやっているからこそ計算しないと撮れないものが沢山あるんですよね。ライヴ中は頭の中で常に先の展開とかアングルのことを考えている感じですね。行き当たりばったりに見えるかも知れないけど、レンズとか機材の面も含めて、結構考えてやってます。せっかくの機会だから、これは是非言っておきたいです（笑）。

――光の使い方もすごく巧みだと思います。

大石　それはめちゃめちゃ気にしてやってますね。

――iPhoneでもデジカメでもいいですけど実際にやってみると分かるんですが、ただなんとなくライヴを撮ると、いかにものっぺりした動きのないものになっちゃうんですよね。

大石　そうなんですよ。スタジオみたいにカチッとライティングされた環境とも違うので、そこはすごく繊細に考えながらやっていますね。編集後のカラコレも時間をかけてやっています。

伝えたいのは音楽それ自体

―― 次作『fOUL』制作のきっかけは？

大石　これも前から地続きの中で企画が立ち上がってきたんです。それまでの二作では、渦巻く衝動を捉えながらも、被写体についての説明をちゃんとすることでそのアーティスト性を伝えたいという気持ちがあったんですけど、次はそういうスタイルから離れたものを作ってみたい、と思うようになっていったんです。結局ところ、音楽ドキュメンタリーを作るときに何を伝えたいかといったら、やっぱり音楽それ自体だよなと思うようになって。なおかつ、fOULっていうのは、音楽の中にメンバーの生活や思想、スタイルがすべて過不足なく表現されている稀有な存在だなと思ったんです。なんというか、音楽自体が彼らの存在を濃縮したものとしてある。だから、fOULの映画を撮るなら、その音楽を捉えるだけで十分伝えたいものは伝わるなと思ったんです。

―― その結果として、すごくミニマルな第三作目が出来上がったわけですね。

大石　はい。観る人によっては「なんだ、ただライヴを並べただけじゃないか」って感想になってしまうかもしれないん

ですけど。

――いやいや、これは単なる「ライヴのつなぎ合わせ」じゃなくて、確実に「映画」になっていると思いますよ。しかも、類例のない純度の「ライヴ映画」。

大石　そう観てくれると嬉しいですね。この作品の制作を進めている中で、作品自体がバンドの現在を突き動かすことになっていったというのも大きな出来事でした。すでに解散しているバンドだったので、当然ながら三人で会う機会もまったくない期間に制作を進めていたんです。けれど、過去の映像を編集したり、その確認のためのメンバー個別に話を訊いていく中で、またみんなで会ってみようかという話になっていくんです。

――そのあたりの動きも映画の終盤に描かれていて、ドラマチックでした。

大石　そう。けど、私としてはこの映画を「再結成記念作品」にはしたくなかったんです。そうすると、いかにもその話に乗っかったメディアミックス的な企画作品みたいになっちゃうじゃないですが。お金の問題とかもあるとは思うんですけど、ぶっちゃけ今の日本の音楽ドキュメンタリーってそういう企画性ありきのものが多い気がしていて。なんというか、なにがしかのスケジュールやそれを元にした「意図」に乗ったものではなくて、あくまでfOULというバンドの音楽に今の視点からフォーカスしたものにしたかったんです。

――メンバーとは制作前から面識はあったんですか？

大石　解散前からバンド自主企画「砂上の楼閣」に通っていましたし、昔から熱心なファンでした。色々素晴らしいアーティストのライヴや作品に触れてきたけど、自分の中でfOULを超えるバンドは今もいない、というくらいに好きで。そしたら、ヴォーカル／ギターの谷口健さんが『MOTHER FUCKER』を観に劇場へ何回も足を運んでいたということを知って感激してしまって。そこで初めてお話して、その後やりとりをする中で映画を作らせてくださいと提案したんです。

――過去のライヴ映像をたくさん使っていますけど、その音質がものすごくいいので驚きました。

大石　健さんが持っている映像のテープがあって最初それを貸してもらったんです。中身を確認したら音声がバキバキに割れたりしていてこれは使えないな……と思っていたら、fOULのPAを長年やっている今井朋美さんが卓から録っていたラインデータが保存されていて、ありがたいことにその音声を提供してもらったんです。一つ一つ聴きながら映像と照らし合わせて整理していきました。それを、最終的に今井さんの助言の元に元イースタン・ユースの二宮友和さんがミックスしてくれたんです。ミュージシャンとしてライヴハウスの音響とfOULの音像を分かっている人にやってもらえて、理想的な音になったと思います。あの音は本当にスゴいと思います。

――新規素材と比べても全く遜色ないし、当時のプリミティブな撮影もあいまって、異様なパワーが宿った映像になっていますよね。

大石　その通りですね。

――複数のライヴ映像を織り交ぜているのにもかかわらず、日程や場所などをテロップで表示していないのも思い切った演出だなと思いました。

大石　場所や日程を示さないことで、fOULのワンマンライヴを再現してみたかったんです。単純に、私が一番観たかったというのも大きい（笑）。当時私は山梨に住んでいて、終電時間の関係で解散ライヴのアンコールを観れてないんですよ。それが映像で観れた喜びといったら……。あとは、日付や曲タイトルを出すことで、観る人が意識を別のところにもっていってほしくなかったんです。あくまでシームレスな一本のライヴとして観てほしくて。逆に言えば、それで成り立ってしまうくらいfOULの音楽に力があるということだと思うんです。それだけで伝わってしまうというか、むしろできるだけ削ぎ落とした方が伝わるんじゃないかなと。

――映画終盤でバンドの未来を予見するような動きが描かれている通り、結果的にはこの映画がきっかけとしてfOULの再結成にまで至ったわけですよね。

大石　本当に驚きでした。映画を初めて上映したときも、流石にこれをきっかけに再結成するということはないだろうと思っていたし、ファンとして過度に期待するのもよくないと思っていたんですよ。けれど、いろいろなタイミングが重なって、メンバー本人たちが本当にやりたいという気持ちになっていったんですね。こないだ、自主企画の40回目の公演があったんですけど、ライヴ本編が終わったあと、3人が「こんなにお客さんが集まって幸せだな」って言っていて。普段無口なベースの平松さんも笑顔になっていて、あれはじんわりと素敵でしたね。ドキュメンタリー映画って、それがきっかけでメンバー間の関係が悪化してしまったり、色々とよくない話を聞くことも多いんですけど、『fOUL』に関して、「あ〜、本当に作って良かった」と思いましたね。

——次の企画も走り出しているんでしょうか？

大石　二年前に子供を産んで子育てをしているんですけど、その経験を通じて、改めて今の日本における女性の立ち位置について考えることが多くなったんです。それまでは自分のアイデンティティとして「女性」であるということを深く自覚してやってきたわけではないんですけど、妊娠と出産を経て、私は確かに「女性」で、しかもこの社会の中では確実の弱い立場に置かれているんだなというのを強く認識することになりました。社会が想定する「普通の成員」の枠組みから除外されているような感覚というか……。日本において女性として生きていくことの意味やそこで生まれる疑問について、表現者に限らず一般の人たちがどう考えているのか沢山の人達に話を訊いてみたいと思っています。

——それはとても楽しみです。

大石　もう一つは、柳家喬太郎という落語家の方のドキュメンタリーを撮りたいと思っていて。

——へえ！　また全く違うジャンルですね。

大石　5年ほど前から、急に落語にハマって、噺家さんという存在に強い興味を持つようになったんです。自分も一人の表現者として、伝統というものときちんと対峙しなければなと考えているんです。伝統の中で、いかに新しいことをしていくのかということを——おそらくパンクロックという音楽もそうだと思うんですけど——喬太郎師匠の姿を通じてそれを本格的に探求してみたいと考えています。一緒に制作してくれるところを今探しているところなんですが……これを読んで興味を持たれた関係者の方は是非連絡をください。

Interview with Noriko Oishi

『MOTHER FUCKER』
DVD 発売中｜¥4,180（税抜¥3,800）
発売・販売：キングレコード

『JUST ANOTHER』
配給　SPACE SHOWER FILMS

『fOUL』
BD & DVD 発売中
BD ¥5,280（税抜¥4,800）
DVD ¥4,180（税抜¥3,800）
発売・販売：キングレコード

映画監督による音楽ドキュメンタリー

柴崎祐二

ドキュメンタリー映画とは、真実をそっくりそのまま写し取ったものではない。当然ながら、そこにはカメラという目があり、フレームがあり、マイクがあり、編集があり、整音がある。それらをどのように用い、モンタージュし、ミックスしていくかによって、おのずから真実は「ありのまま」であることをやめ、必然的に物語が動き出す。しかも、音楽ドキュメンタリーが主な被写体とするミュージシャンは、それが現在あるいは過去に行われたものであるかを問わず、文字通りしばしば彼ら映像作家の眼前でパフォーマンスを行っている（演じている）存在でもある。つまり、音楽ドキュメンタリーとは、はじめからフィクションを内包しているともいえるのだ。とすれば、フィクションとノンフィクションの境とは一体何なのだろうかという、お馴染みの問題がここでも浮かび上がってくる。優れた映像作家は、しばしばその境界へと進んで身を置き、再びそこから物語を映し出そうとする。そしてまた、劇映画を能くする監督たちの中からも、いや、ときに彼らの中か

Column

らこそ、自らに内在する物語ることへの欲求の自覚を通じて、そうした境界のゆらぎ自体をなお一層鋭敏に感知し、一編の作品としてまとめ上げようとする者たちが少なからず現れてきた。

マーティン・スコセッシは、言わずと知れた劇映画の巨匠であるが、同時に第一級の音楽ドキュメンタリー作家である。下積み時代から『ウッドストック』の編集に参加するなど、ロックに深く関わっていた彼は、1976年にサンフランシスコで行われたザ・バンドのラスト公演をカメラに収め、インタビュー等の素材とともに映画『ラスト・ワルツ』（1978）として完成させた。入れ代わり立ち代わり登場する豪華ゲストと、ザ・バンド自身の演奏を、巧みなショットで収めながら、ザ・バンドという神話のしんがりを担った。

スコセッシはその後も『ボブ・ディランノー・ディレクション・ホーム』（2005）、『ザ・ローリング・ストーンズ シャイン・ア・ライト』（2008）、『ジョージ・ハリスン／リヴィング・イン・ザ・マテリアル・ワールド』（2011）など、ロックジャイアントのドキュ

メンタリーを続々手掛けた。また、彼は、ブルースの生誕100周年を記念する連作ドキュメンタリー「ブルース・ムービー・プロジェクト」(2003)の製作総指揮を務め、その中の一作を監督した。

ヴィム・ヴェンダースも同プロジェクトへ参加した一人だが、彼もまた一流のドキュメンタリー作家である。中でも、盟友ライ・クーダーとともにキューバ音楽のレジェンドとそのパフォーマンスに迫った『ブエナ・ビスタ・ソシアル・クラブ』(1999)は、長いキャリアにおける代表作の一つとなった。

ジム・ジャームッシュも、キャリア初期から常に音楽を重要なモチーフとして映画を撮り続けてきた。彼は、ニール・ヤングに音楽を依頼した『デッドマン』(1995)を経て、ヤングとクレイジー・ホースのツアーを追ったドキュメンタリー作品『イヤー・オブ・ザ・ホース』(1997)を手掛けた。16㎜フィルムとスーパー8㎜フィルムを織り交ぜた独特のテクスチャーが、彼ならではの美意識を映し出している。

ジャームッシュは、『コーヒー&シガレッツ』(2003)等の自作へミュージシャンを積極的に出演させているが、そのキャストの一人、イギー・ポップの率いるストゥージズを題材とするドキュメンタリー『ギミー・デンジャー』(2016)も、バンドへの深い敬愛ぶりが刻まれた優れた作品だ。

ジョナサン・デミも、ニール・ヤングと深い交流を結んでおり、『ハート・オブ・ゴールド〜孤独の旅路』(2006)や『ジャーニーズ』(2012)といったコンサートドキュメンタリーを監督した。また、1983年当時のトーキング・ヘッズによるパフォーマンスを収めた『ストップ・メイキング・センス』(1984)こそは、コンサート映画史に輝く不朽の名作だ。鮮烈な舞台装置や美術、衣装、振り付け、照明、演奏の機微を、自在かつ大胆なカメラワークで捉えている。

スパイク・リーは、デミの後を継ぐように、元トーキング・ヘッズのデヴィッド・バーンによるブロードウェイショー『アメリカン・ユートピア』を再構築した同名映画(2020)の監督を務めた。社会的な問題意識を反映した同ショーのコンセプトと深く共振し、そのメッセージを力強く伝えている。

ドキュメンタリーというフォーマットへの破壊的挑戦という意味で、ジャン゠リュック・ゴダールの『ワン・プラス・ワン』(1968)に触れないわけにはいかない。同年の学生蜂起に呼応して政治闘争の姿勢を強めていたゴダールは、ロック・カルチャーにおける「反抗」の象徴たるローリング・ストーンズのレコーディング・セッションにカメラを運び込んだ。後に「悪魔を憐れむ歌」として知られるようになる楽曲が試行錯誤を経

©CUPID Productions Ltd. 1970

て輝きを増していく様子が、ブラック・パワー運動の闘士の語りやポップ・カルチャーの意匠などを挟み込みながら展開していく。マルクス主義やシチュアシオニスム、シネマ・ヴェリテ的な断片が絡み合う中でストーンズの鮮烈な音楽が鳴り響くその内容は、一般に想像される音楽ドキュメンタリーの形からは大幅に逸脱している。この映画が、ドキュメンタリーの「目」たるカメラそれ自体を仰瞰するショットで閉じられるのは、殊の外示唆的に思われる。

以下、他の劇映画作家による音楽ドキュメンタリーのうち、とくに優れたものを紙幅が許す範囲で紹介する。

まず、ラッセ・ハルストレムがキャリア初期に手掛けた『アバ／ザ・ムービー』（１９７７）。ペネロープ・スフィーリスがロサンゼルスのパンクシーンを活写した『ザ・デクライン』（１９８１）。マイケル・アブデットがスティングの同名アルバムのツアーを追った『スティング ブルー・タートルの夢』（１９８５）。テイラー・ハックフォードが制作当時のチャック・ベリーの姿に迫った『ヘイル・ヘイル・ロックンロール』（１９８７）。ジュリアン・シュナーベルがルー・リードによる同名作の初公演を撮った『ベルリン』（２００７）。最近では、エドガー・ライトによる『スパークス・ブラザーズ』（２０２１）、トッド・ヘインズによる『ヴェルヴェット・アンダーグラウンド』

（２０２１）などが話題となった。

また、ビートルズ映画に関しては他コラムで詳述されていると思うので詳しくは触れないが、ピーター・ジャクソン監督による長編ドキュメンタリー『ザ・ビートルズ：Get Back』（２０２１）は、最新テクノロジーの援用という視点を含め、近年では出色の作品といえるだろう。

最後に、日本の映画監督による個性派音楽ドキュメンタリー作品について少し。柳町光男による『旅するパオジャンブー』（１９９５）は、台湾の香具師の生活と彼らによるショーの様子を追った異色作だが、詩情溢れるロードムービーとしても出色の内容だ。また、厳密な意味では音楽ドキュメンタリーといえないかもしれないが、関係者へのインタビューを軸に不世出の音楽批評家・間章の存在へと迫った青山真治による長編映画『ＡＡ』（２００６）も、音楽と言葉の鮮烈な切り結びの様を浮かび上がらせた傑作である。

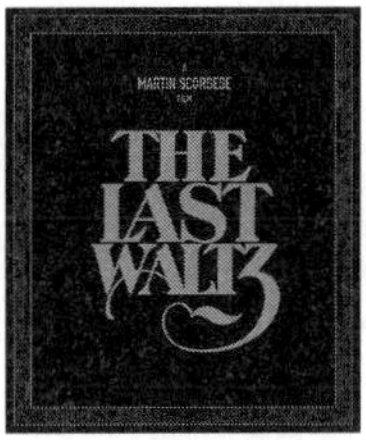

『ラスト・ワルツ』
The Last Waltz
Blu-ray　6,380円（税込）
発売・販売元　マクザム

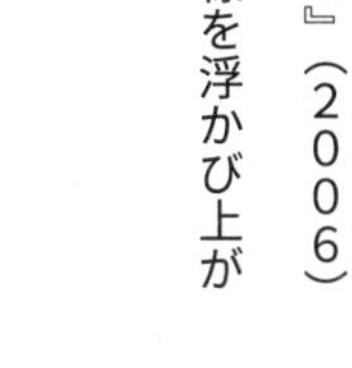

『ワン・プラス・ワン』
ONE PLUS ONE
Blu-ray　5,280円（税込）
発売元 ロングライド
販売元 ハピネット・メディアマーケティング

Column

歌とダンスの（逆回し）インド映画史

須川宗純

『ＲＲＲ』（２０２２年）、『バーフバリ』２部作（２０１５年、２０１７年、以上３作は監督＝Ｓ・Ｓ・ラージャマウリ、テルグ語）の有無をいわせぬ大ヒット、音楽映画の方でも『響け！情熱のムリダンガム』（監督＝ラジーヴ・メノン、２０１９年、タミル語）、パキスタン映画だけど『ソング・オブ・ラホール』（監督＝シャルミーン・ウベード＝チナーイ、２０１５年、英語）などが公開されて、また日本でもインド映画の存在感が高まってますね。

しかし、音楽映画というくくりでなくても、インド映画に歌とダンスが欠かせないのは皆さんご存じのとおり。「インド映画って、なんか突然歌ったり踊り出したりするよね～（笑）」っていわれるけど、そりゃあ歌とダンスが娯楽の必須要素だからですよ！『ＲＲＲ』でも「ナートゥ・ナートゥ」のダンスバトルがあちこちで話題になったのは、記憶に新しいところ。インド料理屋さんでかかってるＰＶ（じゃなくて、映画のワンシーンなんだけど）だって、今はシックスパックのお兄ちゃんに目がパッチリした細身のお姉さんがヒップホップでブイブイ踊るのが中心だけど、これが15年前だと、まだみんな同じようなキンキン声のお姉さんがいなたい節回しで歌っている、というのがインドポップスのイメージだったんじゃないかな。インド映画もインドポップスもじわじわと、しかし確実に変わってきてるわけです。

というわけで、以下歌と踊りの面から大急ぎでインド映画史をさかのぼってみましょう。紙幅の都合上、あまりくわしくはご説明できませんが、とりあえずおおまかな世界観だけでもつかんでいただければ幸いです。お手数ですが、それぞれの曲をYouTubeで検索しながらお読みください！

ちょっと前の世界的大ヒットインド映画というと、**『恋する輪廻 オーム・シャンティ・オーム Om Shanti Om』**（監督＝ファラー・カーン、２００７年、ヒンディー語）になりますね。日本ではかなり遅れて２０１３年に公開。絢爛豪華なエンタメだけど、すべての感情を盛りこんだ上、歌とダンスもツメツメなインド映画の王道作品でもあります。

とにもかくにも、このタイトル曲のキャッチーさ！ そして、ダンスのシンプルにして飽きのこなさ！「ひょっとして……ダンスってこれで十分なんじゃないの？」と思っちゃいそう。音楽はヴィシャール・ダドラニとシェーカル・ラヴジアニ、振付は監督のファラー・カーン自身。てかこの人、もともと振付家ですから！

１９９８年、日本で時ならぬインド映画大ブームを呼んだのが、**『ムトゥ 踊るマハラジャ』**（監督＝K・S・ラヴィクマール、１９９５年、タミル語）。日本人の常識をぶち破るパワフルさで、インド映画を認知させた功績は限りなく大きいけれど、「インド映画＝おバカ」っていうイメージがこびりついちゃったのは少々残念。この映画の歌とダンスといえば、やはり**「ティラナ・ティラナ Thillana Thillana」**かな。農村で撮られたオープニングシーンとはかけ離れた人工的なイメージの中で歌い踊る主演のラジニカーントとミーナ。特にここではミーナの健康的な美が堪能できます！　そう、この時代だとインド映画の女優はまだ全然ぽっちゃりが基本だったんです。いいよね、ぽっちゃり。音楽は巨匠A・R・ラフマーン、振付はB・H・タルン・クマール。

ちなみに、この時期で個人的にどうしても推しておきたいのが（ここからほとんどの日本の方は観たことのない映画の話が混じってきます！）、**『悪役 Khal Nayak』**（監督＝スブハシュ・ガイ、１９９３年、ヒンディー語）の**「チョリ・ケ・ピーチェ・キャ・ヘ Choli Ke Peeche Kya Hai」**。どうです、インドでしょう。でも、一度聴いたらこのメロディはもうあなたの耳から離れない！　音楽はラクシミカーント＝ピャレラルという作曲家デュオ（わりとこのパターンはインド映画に多い）、振付はサロジ・カーン。

映画史に残るダンスシーンとしてぜひご紹介しておきたいのが、制作に15年かかったという**『純真 Pakeezah』**（監督=カマール・アムローヒ、1972年、ヒンディー語）の**「インヒ・ロゴン・ニ Inhi Logon Ne」**。当初、1956年にモノクロで撮影が開始されたものの、途中で監督と主演女優ミーナ・クマーリの離婚、さらにクマーリがアルコール依存症になるなどの理由で制作中断。それでも同じ女優（当然ダンスも）で撮影を再開して完成させたという執念の傑作（そして、ミーナ・クマーリは映画公開直後に亡くなりました……）。見事な節回しを聞かせるのは、先ほどふれた「キンキン声」こと、2022年に惜しくも亡くなったインドポップス界最大の歌手、ラタ・マンゲシュカル。インド映画では、歌は俳優のかわりに吹替歌手が歌うことが一般的で、さらに一時は彼女と妹のアーシャ・ボースレーがインド映画の女性ヴォーカルのほとんどを歌っていたというから、みんな同じように聞こえるのも無理はなかったわけですね。音楽はグーラム・モハメド。

先日再公開された『ゴーストワールド』。いい映画だよね……。この冒頭で流れるサイケGSっぽいナンバーは、監督と原作者の共通の友人ハーヴィー・ピーカー（映画『アメリカン・スプレンダー』の原作・モデル）が押しこんだという**「ジャン・ペヘチャン・フー Jaan Pehechan Ho」**。もともとは**『名なし Gumnaam』**（監督=ラージャ・ナワテ、1965年、ヒンディー語）の中の1曲。ザ・60年代！　カッコいい！　この時期、世界的な流行りでもあったけど、こういう曲がインドでも膨大に作られてました。ここでようやく男性ヴォーカル登場、歌うは大歌手モハメド・ラフィ！　音楽はシャンカル=ジャイキシャン、やっぱり作曲家デュオ。

今の曲にしても、まあ確かにおバカっぽいところはありますよね。いつからそうなったのかというと、実はこのちょっと前に節度を重んじるインド映画の壁を青春パワーでぶち破る歴史的な作品が存在していたんです。それが『**野蛮人 Junglee**』（監督＝スボード・ムケルジー、１９６１年、ヒンディー語）と「**チャヘ・コイ・ムジェ Chahe Koi Mujhe**」。もう完っ全にどうかしてます。雪の中をのたうち回りながら愛を求めて叫ぶシャンミー・カプール。ここからインド映画のソングシーンは、時間も空間も理性も物理法則も超えたワンダーランドと化していったのでした。歌と音楽は前曲と同じですが、モハメド・ラフィは古典曲を歌ってもピカイチなんですよ、念のため！

日本でインド映画のイメージを塗り替えたのは『ムトゥ』でしたが、じゃあそれまではインド映画ってどんなイメージだったのかというと、わりと芸術映画のイメージが強かったんですよね、サタジット・レイとかゴーヴィンダン・アラヴィンダンとか。娯楽と芸術の間で闘っていたグル・ダットという監督もいました。なぜか日本ではボックスセットまで出ているので、ここで紹介しておきましょう。代表作は『渇き Pyaasa』（１９５７年、ヒンディー語）ですが、今回は『**55年夫妻 Mr. & Mrs. ’55**』（１９５５年、ヒンディー語）の「**タンディ・ハヴァ・カーリ・ガタ Thandi Hawa Kali Ghata**」を。当時のインドのお金持ち層の生活ぶり、という感じですかね（YouTube に色付きの動画が上がっていてびっくり！）。スタイリッシュな映像にかわいらしいワルツがかぶさってきます。この時期のインドポップスの楽器編成・アレンジとしては、このへんが標準的なところかな。歌はギータ・ダット（グル・ダットの妻）、音楽はＯ・Ｐ・ナイヤル。

さあ、さらにさかのぼって、ヒンディー語映画業界で最初のスーパースターとされる歌手・俳優のＫ・Ｌ・サイガルをご紹介しましょう。**『チャンディダス Chandidas』**（監督＝ニティン・ボース、１９３４年、ヒンディー語）という社会派ドラマ映画から、ウマ・サシとのデュエットで**「プレム・ナガル・メン・バナウンギ・ガル・マン Prem Nagar Mein Banaoongi Ghar Main」**。もう全然ダンス要素はなくなってますけど、この頃の歌のシーンの撮影と録音はめちゃめちゃたいへんだったらしいので、許してつかあさい！

時代的にこれ以前の映画は、日本でいう国立映画アーカイヴにあたるところが火事になって、フィルムが全部焼失しちゃったらしく、観ることができません。残念！ それにしてもこの時代まで来ると、トーキーがまずやりたかったのが、英米仏独中日印と洋の東西を問わず、歌を聴かせることだったんだなというのがよくわかりますね。声よりも、音よりも、歌。これは娯楽の必須要素という以上に、あんがい、人の本能に根ざしたものなのかもしれません。

ele-king cine series
音楽映画ガイド
──ロックからソウル、ジャズまで、伝記&ドキュメンタリー最新40選

2024年2月28日　初版印刷
2024年3月13日　初版発行

デザイン：シマダマユミ（TRASH-UP!!）

編集：大久保潤（ele-king books）

発行者　水谷聡男
発行所　株式会社Pヴァイン
〒150-0031
東京都渋谷区桜丘町21-2 池田ビル2F
編集部：TEL 03-5784-1256
営業部（レコード店）：
TEL　03-5784-1250
FAX　03-5784-1251
http://p-vine.jp

ele-king
http://ele-king.net/

発売元　日販アイ・ピー・エス株式会社
〒113-0034
東京都文京区湯島1-3-4
TEL　03-5802-1859
FAX　03-5802-1891

印刷・製本　シナノ印刷株式会社

ISBN　978-4-910511-44-3